Jumalan Voima

"Ei ole maailman alusta kuultu,
että kukaan on avannut
sokeana syntyneen silmät.
Jos hän ei olisi Jumalasta,
ei hän voisi mitään tehdä"
(Joh. 9:32-33).

Jumalan Voima

Dr. Jaerock Lee

URIM
BOOKS

Jumalan Voima
Englanninkielinen alkuteos The Power Of God by Dr. Jaerock Lee
Julkaisija Urim Books (Edustaja: Seongnam Vin)
73, Yeouidaebang-ro 22-gil, Dongjak-gu, Seoul, Korea
www.urimbooks.com

Julkaistu aikaisemmin koreaksi 2004, Urim Books, Seoul, Korea

Ensimmäinen painos heinäkuu 2013

Toimittanut: Geumsun Vin
Suunnittelu: Editorial Bureau of Urim Books
Painaja: Yewon Printing Company
Lisätietoja varten ota yhteyttä: urimbook@hotmail.com

Esipuhe

Rukoillen, että kaikki ihmiset kokisivat Pyhän Hengen
palavia töitä Luojan voiman ja Jeesuksen Kristuksen
evankeliumin kautta...

Minä annan kaiken kiitoksen Isä Jumalalle joka on siunannut
meitä julkaisemaan toukokuussa 2003 pidetyn 11.
Herätyskokouksen – teemanaan "voima" – sanomat. Suuri
määrä todistuksia kirkasti Jumalaa suuresti tämän kokouksen
aikana. Vuodesta 1993, jolloin Manminin Keskuskirkko vietti
kymmenettä vuosipäiväänsä, Jumala alkoi kasvattaa Manminin
Keskuskirkon jäseniä omaamaan todellista uskoa ja tulemaan
hengellisiksi ihmisiksi vuotuisten kaksiviikkoisien
Herätyskokousten kautta.

Vuoden 1999 Herätyskokouksen teeman "Jumala on
Rakkaus" alla Hän salli koettelemusten siunausten kohdata
kirkkoa, jotta Manminin jäsenet ymmärtäisivät todellisen

evankeliumin merkityksen, saavuttaisivat rakkauden lain ja olisivat ihmisille ihmeellisiä voimia ja tekoja näyttäneen Herran kaltaisia.

Vuonna 2000, uuden vuosituhannen sarastaessa, Jumala siunasi meitä lähettämään Herätyskokouksen reaaliajassa Moogoonghwa-satelliitin ja internetin kautta, jotta kaikkialla maailmassa olevat ihmiset voisivat kokea Luojan voiman, Jeesuksen Kristuksen evankeliumin sekä Pyhän Hengen palavat teot. Noin 300 kirkkoa sekä Koreasta että viidestätoista muusta maasta otti osaa Herätyskokoukseen vuonna 2003.

Jumalan Voima yrittää esitellä prosessin jonka kautta henkilö kohtaa Jumalan ja saa Hänen voimansa, sekä myös voiman eri tasot, luomisen korkeimman voiman – joka on niin voimallinen että ihmisten ei sallita omata sitä – että paikat joissa Hänen voimansa on näyttäytynyt.

Henkilön päälle laskeutuvan Luojan voiman määrä riippuu siitä kuinka paljon kyseinen henkilö muistuttaa Jumalaa, joka on itse kirkkaus. Kun henkilöstä tulee hengessä yhtä Jumalan kanssa, hän voi näyttää ja tehdä samanlaisia tekoja kuin Jeesus. Tämä johtuu siitä, että Herra sanoo meille jakeessa Joh. 15:7: *"Jos te pysytte minussa ja minun sanani pysyvät teissä, niin anokaa, mitä ikinä tahdotte, ja te saatte sen".*

Minä olen henkilökohtaisesti kokenut sen ilon ja onnellisuuden joka seurasi vapautumista seitsemän vuotta kestäneestä sairaudesta ja tuskasta. Voidakseni olla voiman palvelija joka muistuttaa Herraa, minä paastosin ja rukoilin usein monien päivien ajan kunnes minut kutsuttiin Herran palvelijaksi. Jeesus sanoo Markuksen jakeessa 9:23 seuraavasti: *"'Jos voit!' Kaikki on mahdollista sille, joka uskoo"*. Minä myös rukoilin ja uskoin, koska minä muistin Jeesuksen lupauksen: *"Totisesti, totisesti minä sanon teille: joka uskoo minuun, myös hän on tekevä niitä tekoja, joita minä teen, ja suurempiakin, kuin ne ovat, hän on tekevä; sillä minä menen Isän tykö"* (Joh. 14:12). Tämän johdosta Jumala on näyttänyt meille vuosittaisten Herätyskokousten kautta ihmeellisiä merkkejä ja ihmeitä, ja Hän on antanut meille lukemattomia rukousvastauksia ja parannuksia. Vuoden 2003 Herätyskokouksen aikana Jumala keskitti Hänen voimiensa ilmenemisen ihmisiin jotka olivat sokeita tai kykenemättömiä kävelemään, kuulemaan tai puhumaan.

Lääketiede on edistynyt pitkälle ja se jatkaa kehittymistään, mutta silti kuulonsa tai näkönsä menettäneiden ihmisten parantaminen on melkein mahdotonta. Kaikkivaltias Jumala kuitenkin näytti Hänen voimansa, niin että kun minä rukoilin saarnastuolissa, Hänen luomisensa voima uudisti kuolleita hermoja ja soluja niin että ihmiset saivat taas nähdä, kuulla ja puhua. Tämän lisäksi taipuneet selkärangat suoristuivat ja jäykistyneet luut notkistuivat niin että ihmiset saattoivat heittää kainalosauvansa, keppinsä ja pyörätuolinsa pois ja nousta ylös, hyppiä ja kävellä.

Jumalan ihmeelliset työt eivät ole myöskään aikaan tai paikkaan sidottuja. Herätyskokouksiin satelliitin tai internetin kautta osallistuneet ihmiset saivat myös kokea Jumalan voiman, ja he lähettävät tästä todistuksia yhä tänäkin päivänä.

Tämän tähden vuoden 2003 Herätyskokouksen sanomat – kokouksen, jonka aikana lukemattomat ihmiset syntyivät uudestaan totuuden sanasta, ottivat vastaan uuden elämän, pelastuksen, rukousvastauksia sekä parannuksia ja kokivat Jumalan voiman ja ylistivät Häntä suuresti – on nyt julkaistu yksien kansien välissä.

Minä kiitän erityisesti Geumsin Viniä, toimituksen johtajaa, hänen henkilökuntaansa sekä käännöstoimistoa heidän kovasta työstään ja omistautuneisuudestaan.

Minä rukoilen meidän Herramme nimessä, että te kaikki saisitte kokea Luojan voiman, Jeesuksen Kristuksen evankeliumin sekä Pyhän Hengen palavat työt, ja että ilo ja onnellisuus olisivat elämässänne ylitsevuotavaisia!

Jaerock Lee

Alkusanat

Tärkeä teos joka toimii oppaana jonka avulla sinä voit löytää todellisen uskon ja kokea Jumalan ihmeellisen voiman.

Minä annan kaiken kunnian ja kiitoksen Jumalalle, joka on johdattanut meidät julkaisemaan yksien kansien välissä sanomat 11. Herätyskokouksesta jonka Dr. Jaerock Lee piti toukokuussa 2003 Jumalan ihmeellisten voimien ympäröimänä. *Jumalan Voima* ympäröi sinut armolla ja merkityksellä. Se sisältää yhdeksän sanomaa Herätyskokouksesta, jonka teemana oli "Voima", sekä todistuksia useilta elävän Jumalan voiman ja Jeesuksen Kristuksen evankeliumin henkilökohtaisesti kokeneilta ihmisiltä.

Ensimmäinen sanoma, "Jumalaan uskominen" kuvaa Jumalan luonteen, mitä Häneen uskominen tarkoittaa ja kuinka me voimme kohdata ja kokea Hänet.

Toinen sanoma "Herraan uskominen" kertoo miksi Jeesus

saapui maan päälle, miksi ainoastaan Hän on meidän Pelastajamme sekä miksi me saamme rukousvastauksia ja pelastuksen kun me uskomme Herraan Jeesukseen.

Kolmas sanoma, "Jalokiveäkin kauniimpi astia" keskittyy puhumaan siitä mitä me tarvitsemme jos me tahdomme tulla Jumalan silmissä kallisarvoiseksi, jaloksi ja kauniiksi astiaksi. Sanoma myös kertoo minkälaisia siunauksia tällainen astia saa osakseen.

Neljäs sanoma, "Kirkkaus" selittää hengellisen kirkkauden, jota ilman me emme voi kohdata Jumalaa, joka on itse kirkkaus, ja tämä sanoma myös puhuu niistä siunauksista jotka me saamme osaksemme kun me kuljemme kirkkaudessa.

Viides sanoma, "Kirkkauden voima" syventyy Jumalan voiman neljään eri tasoon. Nämä näyttäytyvät ihmisten kautta erilaisina valoina. Tämä sanoma puhuu myös tosielämästä otetuista todistuksista jotka kertovat kuinka erilaiset sairaudet ovat parantuneet voiman eri tasojen mukaisesti. Esittelemällä kaikista korkeimman Luomisen voiman tämä sanoma myös kertoo Jumalan rajoittamattomista voimista sekä siitä kuinka me voimme ottaa vastaan kirkkauden valon.

Kuudes sanoma "Sokeiden silmät tulevat aukeamaan" auttaa sinua ymmärtämään Luojan voiman kertomalla sinulle kuinka sokeana syntynyt mies sai avata silmänsä kohdattuaan Jeesuksen. Sanoma myös välittää sinulle todistuksia useilta ihmisiltä jotka ovat saaneet näkönsä takaisin tai parantuneet heikkonäköisyydestä.

Seitsemäs sanoma "Ihmiset tulevat nousemaan, hyppimään ja kävelemään" tutkiskelee tarinaa jossa Jeesuksen luokse ystäviensä avulla saapunut halvaantunut mies nousee ylös ja kävelee. Sanoma myös kertoo lukijoille minkälaisia uskon tekoja heidän on pystyttävä tekemään Jumalan edessä jotta he voisivat kokea vastaanvanlaista voimaa tämän päivän aikana.

Kahdeksas sanoma, "Ihmiset tulevat iloitsemaan, tanssimaan ja laulamaan" syventyy tarinaan joka kertoo kuuromykästä miehestä joka parantuu kohdatessaan Jeesuksen, ja se kertoo meille kuinka me voimme kokea samankaltaisia voimia tänäkin päivänä.

Lopulta, yhdeksäs sanoma, "Jumalan virheetön suunnitelma" puhuu selväsanaisesti lopun aikojen profetioista sekä Manminin Keskuskirkon kutsumuksesta, joista molemmista Jumala on tehnyt paljastuksia yli kahden vuosikymmenen ajan aina siitä lähtien kun Manminin Keskuskirkko perustettiin.

Minä rukoilen Herran Jeesuksen Kristuksen nimessä, että lukemattomat ihmiset löytäisivät aidon uskon tämän teoksen kautta, ja että he kokisivat aina Luojan voiman kaikessa ja tulisivat käytetyiksi Pyhän Hengen astioina, toteuttaen siten Hänen suunnitelmaansa!

Geumsun Vin
Käännöstoimiston johtaja

Sisältö

Heprealaiskirje 11:3

Uskon kautta me ymmärrämme,
että maailma on rakennettu Jumalan sanalla,
niin että se, mikä nähdään, ei ole syntynyt näkyväisestä.

Halleluja! Minä annan kaiken kiitoksen ja kunnian Isä Jumalalle, joka on siunannut meitä pitämään 11. kaksiviikkoisen Herätyskokouksen. Sen jälkeen kun ensimmäinen vuotuinen kaksiviikkoinen Herätyskokous pidettiin toukokuussa 1993, lukemattomat ihmiset ovat kokeneet henkilökohtaisesti sekä Jumalan voiman että Hänen tekojaan, joiden kautta sairaudet joita nykylääketiede ei pysty parantamaan parantuivat, ja ongelmat joihin tiede ei löytänyt vastausta tulivat ratkaistuiksi. Viimeisten 11 vuoden ajan Jumala on vahvistanut Hänen sanansa sitä tukevin teoin Mark. 16:20 mukaisesti.

Jumala on johdattanut useita Manminin seurakunnan jäseniä syvemmälle hengelliseen maailmaan uskosta, vanhurskaudesta, lihasta ja hengestä, hyvästä ja pahasta sekä muista asioista kertovien syvällisten sanomien kautta. Jokaisen Herätyskokouksen kautta Jumala on myös johdattanut meidät todistamaan Hänen voimaansa henkilökohtaisesti niin että Herätyskokouksesta on nyt tullut maailmankuulu.

Jeesus sanoo meille Markuksen evankeliumissa 9:23: *"Jos voit! Kaikki on mahdollista sille, joka uskoo"*. Joten mikään ei ole meille mahdotonta ja me löydämme mitä tahansa me sitten etsimmekin jos me vain omaamme todellista ja aitoa uskoa.

Mitä meidän on sitten uskottava ja millä tavalla meidän on siihen uskottava? Jos me emme tiedä ja tunne Jumalaa kunnolla, me emme pysty kokemaan Hänen voimaansa ja Hänen vastaustensa ymmärtäminen on erittäin vaikeaa. Tämän tähden on erittäin tärkeää että me ymmärrämme ja uskomme oikein.

Kuka on Jumala?

Ensinnäkin, Jumala on Raamatun 66 kirjan tekijä. Timoteus 3:16 muistuttaa meitä, sanoen: *"Jokainen kirjoitus, joka on syntynyt Jumalan Hengen vaikutuksesta"*. Raamattu muodostuu 66 kirjasta ja on arvioitu, että 34 eri ihmistä kirjasi sen sanomaa 1,600 vuoden aikana. Kaikista ihmeellisintä kuitenkin on, että siitä huolimatta että useat eri ihmiset kirjoittivat sitä useiden eri vuosisatojen aikana se on alusta loppuun täysin johdonmukainen ja yhtenäinen kokonaisuus. Toisin sanoen, Raamattu on Jumalan sana jonka useat Jumalan mielestä tehtävään sopivat ihmiset ovat hengen vallassa kirjanneet ylös historian eri ajankohtina, ja tämän Raamatun kautta Jumala paljastaa meille itsensä. Tämän tähden sellaiset ihmiset jotka uskovat, että Raamattu on Jumalan sana ja jotka toimivat sen mukaan saavat kokea Hänen lupaamiaan siunauksia ja armoa.

Seuraavaksi, *"Minä olen se, joka minä olen"* (Exodus 3:14). Toisin kuin ihmisten mielikuvituksen luomat tai heidän käsiensä kaivertamat epäjumalat, meidän Jumalamme on tosi Jumala joka on ollut olemassa ennen ikuisuutta ja joka tulee olemaan olemassa ikuisuuden jälkeenkin. Me voimme myös kuvata Jumalaa rakkautena (1. Joh 4:16), valona (1. Joh 1:5), sekä aikojen lopussa kaiken tuomarina. Meidän tulee kuitenkin muistaa ennen kaikkea, että Jumala, kaikkivaltiaalla voimallaan, loi kaiken maan ja taivaan päällä olevan. Hän on kaikkivaltias joka on taukoamatta näyttänyt ihmisille Hänen ihmeellisiä voimiaan aina Luomisesta tähän päivään saakka.

Kaiken Luoja

Genesis 1:1 kuuluu: *"Alussa loi Jumala taivaan ja maan"*. Heprealaiskirje 11:3 sanoo: *"Uskon kautta me ymmärrämme, että maailma on rakennettu Jumalan sanalla, niin että se, mikä nähdään, ei ole syntynyt näkyväisestä"*.

Aikojen alussa vallineessa tyhjyyden tilasta luotiin Jumalan voimalla kaikki maailmankaikkeudessa oleva. Voimallaan Jumala loi taivaan auringon ja kuun, kasvit ja puut, linnut ja eläimet, meren kalat sekä ihmiskunnan.

Tästä huolimatta monet ihmiset eivät voi uskoa Luojaan, sillä luomisen käsite on yksinkertaisesti liian paljon ristiriidassa heidän tässä maailmassa oppimansa tietouden ja heidän kokemustensa kanssa. Tällaisten ihmisten mielestä ei voi esimerkiksi olla mahdollista, että kaikki maailmankaikkeudessa olevat asiat olisi luotu tyhjyydestä Jumalan käskyllä. Tämä tähden kehitettiin evoluutioteoria. Evoluutioteoriaan uskovat ovat sitä mieltä, että ensin elävä olento syntyi sattumalta, ja että sitten se kehittyi itsestään ja lisääntyi. Jos ihmiset kieltävät Jumalan luoneen maailmankaikkeuden tämänkaltaisin perusteluin, he eivät pysty uskomaan loppuun Raamatusta. He eivät kykene uskomaan taivaan ja helvetin olemassaolosta kertovaan saarnaan, sillä he eivät ole koskaan käyneet näissä paikoissa, ja he eivät kykene uskomaan julistusta siitä, että ihmisenä syntynyt Jumalan Poika kuoli, nousi kuolleista ja astui taivaaseen.

Tieteen edistyessä me kuitenkin huomaamme kuinka evoluutioteorian virheellisyys paljastuu samalla kun todisteet luomisen puolesta vahvistuvat vahvistumistaan. Vaikka me emme esitäkään listaa tieteellisistä todisteista, on olemassa lukuisia esimerkkejä jotka todistavat luomisen puolesta.

Todisteita joiden avulla me voimme uskoa Luojaan

Tässä on yksi esimerkki. Maailmassa on yli kaksisataa valtiota ja tätäkin useampia etnisiä ryhmiä. Kaikilla ihmisillä on kuitenkin kaksi silmää, olivat he sitten valkoisia, mustia tai keltaisia. Heistä jokaisella on myös kaksi korvaa, yksi nenä sekä kaksi sierainta. Tämä kaava pätee ihmisten lisäksi maanpäällisiin eläimiin, taivaalla oleviin lintuihin sekä meressä uiviin kaloihin. Se, että elefantin kärsä on suurikokoinen ja pitkä ei tarkoita sitä, että sillä olisi kahta useampaa sierainta. Joka ikisellä ihmisellä, eläimellä, linnulla ja kalalla on yksi suu, ja tämän suun sijainti on identtinen. Lajit eroavat hieman siinä missä tietyt elimet sijaitsevat, mutta suurimmaksi osaksi elinten rakenne ja sijainti ovat samoja.

Kuinka tämä kaikki olisi voinut tapahtua "sattumalta?" Tämä on vankka todiste siitä, että yksi Luoja suunnitteli ja loi lukemattomat ihmiset, eläimet, linnut ja kalat. Jos luojia olisi ollut useampi, maailmassa esiintyvien olentojen ulkonäkö ja rakenne olisivat yhtä moninaisia kuin luojien lukumäärä. Koska meidän Jumalamme on kuitenkin ainoa Luoja, kaikki elävät olennot luotiin yhtenäisen suunnitelman mukaisesti.

Me voimme lisäksi löytää lukemattomia todisteita lisää luonnosta ja maailmankaikkeudesta, ja kaikki nämä todisteet johdattavat meidät uskomaan että Jumala on luonut kaiken. Roomalaiskirje 1:20 sanoo: *"Sillä hänen näkymätön olemuksensa, hänen iankaikkinen voimansa ja jumalallisuutensa, ovat, kun niitä hänen teoissansa tarkataan, maailman luomisesta asti nähtävinä, niin etteivät he voi millään itseänsä puolustaa"*. Jumala suunnitteli ja loi kaikki asiat niin ettei totuutta Hänen olemassaolostaan voitaisi kieltää tai mitätöidä.

Habukuksen jakeissa 2:18-19 Jumala sanoo: *"Mitä hyötyä on veistetystä kuvasta, että sen valmistaja veistää sen, ja valetusta kuvasta ja valheen opettajasta, että sen valmistaja siihen luottaa ja tekee mykkiä epäjumalia? Voi sitä, joka sanoo puulle: 'Heräjä!' ja mykälle kivelle: 'Nouse!' Sekö voisi opettaa? Katso, se on silattu kullalla ja hopealla, ja henkeä siinä ei ole, ei ensinkään"*. Jos joku teistä on palvellut tai uskonut vääriin jumaliin ennen Jumalan tuntemista, hänen täytyy katua syntejään perinpohjaisesti parantamalla sydämensä.

Raamatullisia todisteita
joiden avulla me voimme uskoa Luojaan

On yhä monia ihmisiä jotka eivät kykene uskomaan Jumalaan huolimatta heitä ympäröivistä lukemattomista todisteista. Tämän tähden Jumala on esittänyt meille selvempiä ja kiistämättömämpiä todisteita Hänen olemassaolostaan näyttämällä Hänen voimansa suuruuden. Hän on sallinut ihmiskunnan uskoa Hänen olemassaoloonsa sekä Hänen ihmeellisiin tekoihinsa näyttämällä heille ihmeitä joiden tekemiseen ihmiset eivät kykene.

Raamattu pitää sisällää useita kiehtovia tapahtumia joissa Jumalan voima tulee ilmi. Punainen meri jakautui, aurinko pysähtyi tai kulki taaksepäin ja taivaasta satoi maahan tulta.

Erämaassa katkera vesi muuttui makeaksi, juomakelpoiseksi vedeksi ja lähde virtasi kalliosta. Kuolleet heräsivät, sairaudet parantuivat ja menetetyiltä tuntuneet taistelut tulivat voitetuiksi.

Uskoessaan kaikkivaltiaaseen Jumalaan ja rukoillessaan Häntä ihmiset voivat kokea Hänen voimansa käsittämättömiä tekoja. Tämän tähden Jumala kirjasi Raamattuun useita tapauksia joissa Hänen voimansa tulivat ilmi jotta me voisimme tulla uskon kautta siunaantuneiksi.

Hänen voimansa teot eivät näyttäydy kuitenkaan ainoastaan Raamatussa. Jumala on muuttumaton, ja tämän tähden Hän näyttää tänäkin päivänä Hänen todellisten uskovien kautta lukuisten merkkien, ihmeiden ja Hänen voimansa tekojen avulla Hänen voimansa kautta koko maailman. Näin Hän on meille luvannut. Markuksen jakeessa 9:23 Jeesus vakuuttaa meille: *"'Jos voit!' Kaikki on mahdollista sille, joka uskoo"*. Jakeissa Mark. 16:17-18 meidän Herramme muistuttaa meitä seuraavasti: *"Ja nämä merkit seuraavat niitä, jotka uskovat: minun nimessäni he ajavat ulos riivaajia, puhuvat uusilla kielillä, nostavat käsin käärmeitä, ja jos he juovat jotakin kuolettavaa, ei se heitä vahingoita; he panevat kätensä sairasten päälle, ja ne tulevat terveiksi"*.

Jumalan voima näyttäytyy
Manminin Keskuskirkossa

Minä toimin vanhempana pastorina Manminin Keskuskirkossa. Luojan voiman teot ovat näyttäytyneet tässä kirkossa kerran toisensa jälkeen, sillä se on yrittänyt levittää evankeliumia maailman jokaiseen kolkkaan. Siitä lähtien kun Manmin perustettiin vuonna 1982 se on johdattanut lukemattomia ihmisiä pelastuksen tielle Jumalan, Luojan, voiman avulla. Kaikista huomiotaherättävin Hänen voimansa teko on sairauksien ja vammojen parantaminen. Useat ihmiset, jotka ovat kärsineet sellaisista "parantumattomista" sairauksista kuin syöpä, tuberkuloosi, halvaus, CP-vamma, tyrä, reumatismi, leukemia ja niin edespäin, ovat kokeneet parantumisen. Pahoja henkiä on ajettu ulos, rammat ovat nousseet seisomaan sekä kävelleet ja juosseet, ja erilaisten onnettomuusten johdosta halvaantuneet ihmiset ovat parantuneet. Tämän lisäksi pahoista palovammoista kärsineet ihmiset ovat parantuneet heti sen jälkeen kun heidän puolestaan on rukoiltu, eivätkä he ole saaneet arpia näistä palovammoista. Toiset ihmiset ovat vironneet ja parantuneet saman tien vaikka heidän kehonsa ovat olleet jäykistyneitä ja he ovat menettäneet jo tajuntansa aivoverenvuodon tai kaasumyrkytyksen johdosta. Eräät ihmiset jotka ovat jo lakanneet hengittämästä ovat palanneet takaisin elämään sen jälkeen kun heidän puolestaan on rukoiltu.

Useat muut jotka eivät ole saaneet lapsia viiden, seitsemän,

"Kuinka kiitollinen minä olinkaan
kun sinä pelastit minun elämäni...
Minä olin huolut että joutuisin käyttämään
kainalosauvoja koko loppuelämäni ajan...

Nyt minä voin kävellä...
Isä, Isä, minä kiitän Sinua!"

Diakonissa Johanna Park,
joka oli ennen ollut pysyvästi liikuntavammainen,
heittää pois kainalosauvansa ja kävelee
sen jälkeen kun hänen puolestaan oli rukoiltu

kymmenen tai jopa kahdenkymmenen vuoden yrityksen jälkeen ovat saaneet kokea hedelmöityksen siunauksen sen jälkeen kun heidän puolestaan on rukoiltu. Lukemattomat henkilöt jotka eivät ole pystynyt näkemään, kuulemaan tai puhumaan ovat ylistäneet Jumalaa suuresti sen jälkeen kun he ovat saaneet vastaan kyseisen lahjan rukoiltuaan sitä Jumalalta.

Vaikka tiede ja lääketiede ottavatkin jättiläismäisiä harppauksia vuosi vuoden jälkeen vuosisadasta toiseen, kuolleita hermosoluja ei silti voida herättää henkiin eikä synnynnäistä kuuroutta tai sokeutta pystytä parantamaan. Kaikkivaltias Jumala pystyy kuitenkin tekemään mitä tahansa, sillä Hän pystyy luomaan jotakin tyhjästä.

Minä olen kokenut kaikkivaltiaan Jumalan voiman myös henkilökohtaisesti. Minä olin ollut kuoleman porteilla seitsemän vuoden ajan ennen kuin minä aloin uskoa Häneen. Koko kehoni oli sairas silmiäni lukuunottamatta, ja minua kutsuttiinkin "sairausvarastoksi". Turhaan minä kokeilin sekä länsimaisia että itämaisia lääkkeitä, spitaalilääkkeitä, kaikenlaisia yrttejä, koirien ja karhujen sappirakkoja, tuhatjalkaisia ja jopa virtsaa. Minä tein kaikkeni näiden seitsemän vuoden aikana, mutta minä en silti pystynyt parantamaan itseäni. Vuoden 1974 keväällä minä olin erittäin epätoivoinen kokiessani uskomattoman kokemuksen. Sillä hetkellä kun minä kohtasin Jumalan Hän paransi minut kaikista sairauksistani ja heikkouksistani. Siitä lähtien Jumala on aina suojellut minua niin että minä en ole koskaan ollut sen

"Minä kaipaan Sinun rinnallesi, Isä,
mutta mitä minun rakkaimmilleni
tapahtuu kun minä olen poissa?
Herra, anna minulle uusi elämä,
ja minä omistan sen Sinulle..."

Vanhin Moonki Kim,
joka oli menettänyt äkillisesti tajuntansa
aivohalvauksen tähden
palaa tajuihinsa ja nousee ylös
Dr. Jaerock Leen rukoiltua hänen puolestaan.

jälkeen sairas. Jos jokin osa kehostani tuntuu epämukavalta, se parantuu heti kun minä rukoilen uskossa.

Minä tiedän että itseni ja minun perheeni lisäksi useat Manminin jäsenet uskovat vilpittömästi kaikkivaltiaaseen Jumalaan, ja siten he ovat aina fyysisesti terveitä eivätkä he ole riippuvaisia lääkkeistä. Kiitollisuudessaan heidät parantanutta Jumalaa kohtaan useat parantuneiksi tulleet ihmiset palvelevat nyt kirkossa uskollisina Jumalan saarnaajina, vanhempina, diakoneina ja työntekijöinä. Jumalan voima ei rajoitu sairaiden ja heikkojen parantamiseen. Sen jälkeen kun kirkko perustettiin vuonna 1982, useat Manminin jäsenet ovat todistaneet lukemattomia kertoja kuinka Jumalaan uskova rukous hallitsee säätä sen lakkauttaessa rankkasateita, suojatessa Manminin jäseniä pilvipeitolla polttavan kuumana päivänä ja ohjatessa pois tai kokonaan lakkauttaessa hirmumyrskyjä. Joka kesä-ja elokuu kirkko esimerkiksi järjestää kesäleirejä. Vaikka muu Etelä-orea kärsisikin hirmumyrskyjen tai tulvien aiheuttamista tuhoista, paikkakunnat joissa näitä leirejä pidetään säästyy usein rankkasateilta ja muilta luonnon katastrofeilta. Useat Manminin jäsenet näkevät myös säännöllisesti sateenkaaria jopa päivinä jolloin ei ole satanut.

On myös olemassa vieläkin ihmeellisempi tapa jolla Jumalan voima näyttäytyy. Hänen voimansa teot näyttäytyvät jopa silloin kun minä en rukoile suoraan sairaan ihmisen puolesta.

Lukemattomat sairaat ovat ylistäneet Jumalaa suuresti sen jälkeen kun he ovat ottaneet vastaan parannuksen ja siunauksen "Rukouksen sairaan puolesta" kautta, jonka minä olen rukoillut saarnastuolistani käsin koko seurakunnalle, tai joka on nauhoitettu kasetille, internet-saarnaan tai automaattisiin puhelinviesteihin.

Apostolin teot 19:11-12 myös sanoo: *"Ja Jumala teki ylen voimallisia tekoja Paavalin kätten kautta, niin että vieläpä hikiliinoja ja esivaatteita hänen iholtansa vietiin sairasten päälle, ja taudit lähtivät heistä ja pahat henget pakenivat pois"*. Samalla tavoin Jumalan ihmeelliset teot ovat näyttäytyneet nenäliinojen kautta jonka päällä minä olen aikaisemmin rukoillut.

Lisäksi, kun minä asetan käteni sairaita ihmisiä esittävien valokuvien päälle ja rukoilen heidän puolestaan, ajan ja paikan rajat ylittävä parantuminen käy toteen. Tämän tähden kaikenlaiset sairaudet ja heikkoudet AIDS mukaanlukien parantuvat hetkessä Jumalan ajan ja paikan ylittävällä voimalla kun minä rukoilen ulkomaille suuntautuvien ristiretkien aikana.

Jumalan voiman kokeminen

Tarkoitttaako tämä sitten sitä, että kuka tahansa joka uskoo Jumalaa voi kokea Hänen voimansa ihmeellisiä tekoja ja saada rukousvastauksia ja siunauksia? Monet ihmiset tunnustavat uskovansa Jumalaan, mutta heistä kaikki eivät koe Hänen voimaansa. Sinä voit kokea Hänen voimansa ainoastaan sitten kun sinun uskosi näkyy teoissasi ja Hän voi myöntää, "minä tiedän että sinä uskot minuun".

Jumala pitää "uskona" sitä, että henkilö kuuntelee saarnaa ja ottaa osaa jumalanpalveluksiin. Omataksesi kuitenkin todellista uskoa jonka avulla sinä voit kokea parantumisia ja vastauksia, sinun tulee kuunnella ja tietää kuka Jumala on, miksi Jeesus on meidän Pelastajamme sekä muita asioita taivaasta ja helvetistä. Kun sinä ymmärrät nämä asiat, kadut syntejäsi, otat vastaan Jeesuksen pelastajaksesi ja saat vastaan Pyhän hengen, sinä saat osaksesi oikeuden olla Jumalan lapsi. Tämä on ensimmäinen askel matkalla kohti todellista uskoa.

Ihmiset jotka omaavat todellista uskoa tekevät tekoja jotka todistavat tästä uskosta. Jumala näkee nämä uskon teot ja vastaa heidän sydämiensä haluihin. Ihmiset jotka kokevat Jumalan voiman tekoja näyttävät todisteita uskostaan Häntä kohtaan ja Jumala hyväksyy heidät.

Jumalan miellyttäminen uskon teoilla

Tässä on muutama esimerkki Raamatusta. 2. Kuningasten kirja 5 kertoo tarinan Naamanista, kuningas Aaramin armeijan komentajasta. Naaman koki Jumalan voiman sen jälkeen kun hän näytti uskonsa tekemällä niinkuin profeetta Elisa, jonka kautta Jumala puhui, hänelle sanoi.

Naaman oli kunnioitettu kenraali Aaramin kuningaskunnassa. Ollessaan spitaalinen Naaman vieraili profeetta Elisan luona jonka sanottiin tehneen ihmetekoja. Kun Naamanin tapainen vaikutusvaltainen ja kuuluisa kenraali saapui Elisan luokse mukanaan suuri määrä kultaa, hopeaa ja vaatteita, profeetta vain lähetti tämän luokse sanansaattajan joka sanoi hänelle, *"Mene ja pese itsesi seitsemän kertaa Jordan-joessa"* (jae 10).

Aluksi Naaman oli selvästi vihainen, sillä profeetta ei kohdellut häntä hänen arvonsa mukaisesti. Sen sijaan että Elisa olisi rukoillut Naamanin puolesta, hän vain käski häntä menemään ja pesemään itsensä Jordan-joessa. Naaman kuitenkin muutti pian mielestä ja teki niinkuin oli sanottu. Vaikka Elisan sanat eivät olleet hänelle mieluisia eivätkä ne sopineet yhteen hänen odotustensa kanssa, Naaman päätti silti ainakin yrittää totella Jumalan profeettaa.

Siinä vaiheessa kun Naaman oli pessyt itsensä Jordan-joessa hänen spitaalinsa ei ollut muuttunut millään lailla. Kun Naaman kuitenkin pesi itsensä Jordan-joessa seitsemännen kerran hänen kehonsa uusiutui ja puhdistui kokonaan ikäänkuin se olisi kuulunut nuorelle pojalle (jae 14).

Hengellisesti "vesi" symboloi Jumalan sanaa. Se, että Naaman sukelsi Jordan-jokeen seitsemän kertaa tarkoittaa sitä, että

Naaman puhdistui synneistään Hänen sanansa kautta. Numero "7" symboloi täydellisyyttä; se, että Naaman sukelsi Jordanjokeen "seitsemän kertaa" tarkoittaa sitä, että kenraali sai kokea täydellisen anteeksiantamuksen.

Samalla tavalla meidän tulee katua perusteellisesti kaikkia meidän syntejämme jos me tahdomme saada osaksemme vastauksia Jumalalta Naamanin tavoin. Katumus ei ole kuitenkaan pelkästään sitä että sinä sanot "Minä kadun. Olen tehnyt väärin". Sinun tulee "reväistä rikki sydämesi" (Jooel 2:13). Kun sinä kadut perinpohjaisesti kaikkia syntejäsi sinun tulee myös päättää olla tekemättä niitä uudestaan enää koskaan. Vasta sitten sinun ja Jumalan välillä oleva synnin muuri tuhoutuu, onnellisuus pulppuaa sinun sisältäsi, sinun ongelmasi ratkeavat ja sinun sydämesi toiveisiin vastataan.

Lisäksi, 1. Kuningasten kirjassa 3 kuningas Salomo uhraa tuhansia polttouhreja Jumalalle. Näiden uhrien kautta Salomo osoitti uskonsa tekoja saadakseen Jumalalta vastauksia hänen rukouksiinsa, ja tämän tähden hän ei saanut Jumalalta ainoastaan sitä mitä hän oli pyytänyt vaan myös sellaista mitä hän ei ollut pyytänyt.

Salomon täytyi olla hyvin päättäväinen voidakseen uhrata tuhansia polttouhreja. Kuninkaan täytyi pyydystää ja valmistaa eläin jokaista uhria varten. Voitko sinä kuvitella kuinka paljon aikaa, vaivaa ja rahaa tällaisen uhrin valmistaminen olisikaan vaatinut jos se tehtiin tuhansia kertoja? Salomonin edustama omistautuneisuus ei olisi ollut mahdollista jos tämä kuningas ei olisi uskonut elävään Jumalaan.

Nähdessään Salomon omistautuneisuuden Jumala ei ainoastaan antanut hänelle sitä viisautta jota hän oli pyytänyt, vaan myös rikkauksia ja kunniaa niin että hänellä ei ollut vertaistaan kuninkaiden joukossa koko elinaikanaan.

Lopulta, Matteus 15 kertoo tarinan naisesta joka oli kotoisin Syyrian Foinikiasta ja jonka tytär oli pahojen henkien riivaama. Nainen saapui Jeesuksen eteen sydän nöyränä ja vakaasti uskoen ja pyysi Häntä parantamaan tyttärensä. Lopulta hänen sydämensä toive toteutui. Naisen anottua vilpittömästi Jeesus ei kuitenkaan heti sanonut "Hyvä on, tyttäresi on parantunut". Sen sijaan Hän sanoi naiselle: *"Ei ole soveliasta ottaa lasten leipää ja heittää penikoille"* (jae 26). Hän vertasi naista koiraan. Jos naisella ei olisi ollut uskoa, hän olisi ollut joko erittäin häpeissään tai hyvin vihainen. Tämä nainen omasi kuitenkin uskoa jonka tähden hän oli vakuuttunut että Jeesus auttaisi häntä, eikä hän siten ollut pettynyt eikä hämmästynyt. Sen sijaan hän kääntyi Jeesuksen puoleen yhä nöyremmin. "Niin, Herra" nainen sanoi "mutta syöväthän penikatkin niitä muruja jotka heidän herrainsa pöydältä putoavat". Jeesus oli ilahtunut tämän naisen uskon tähden ja paransi hänen pahojen henkien riivaman tyttärensä saman tien.

Jos mekin tahdomme parantua ja saada vastauksia meidän tulee samalla tavalla osoittaa uskomme loppuun saakka. Jos sinä omaat uskoa, jonka avulla sinä voit saada Häneltä rukousvastauksia, sinun tulee esittää itsesi fyysisesti Jumalan edessä.

On tietenkin mahdollista tulla parannetuksi sellaisen nenäliinan tai valokuvan kautta jonka päällä minä olen rukoillut. Tämä on sen tähden, että Jumalan voima näyttäytyy Manminin Keskukirkon kautta. Sairaan henkilön täytyy kuitenkin tulla Jumalan eteen ellei hän sitten ole kriittisessä tilassa tai ulkomailla. Ihminen voi kokea Jumalan voiman ainoastaan sen jälkeen kun hän on kuullut Hänen sanaansa ja omaa uskoa. Jos henkilö on henkisesti jälkeenjäänyt tai riivattu, niin silloin hänen vanhempiensa tai perheensä täytyy tulla Jumalan eteen hänen puolestaan rakkaudella ja uskossa, aivan kuten Syyrian Foinikiasta kotoisin olleen naisen tapauksessa.

Näiden lisäksi on olemassa useita muita uskon todistuksia. Sellaisen henkilön kasvot joka omaa uskoa jonka kautta hänelle vastataan ovat esimerkiksi aina tunnistettavissa niillä näkyvän onnen ja kiitollisuuden johdosta. Markuksen jakeessa 11:24 Jeesus sanoo: *"Sentähden minä sanon teille: kaikki, mitä te rukoilette ja anotte, uskokaa saaneenne, niin se on teille tuleva"*. Sinä olet aina iloinen ja kiitollinen jos sinä omaat todellista uskoa. Tämän lisäksi sinä tulet noudattamaan ja elämään Jumalan Sanan mukaan jos sinä tunnustat uskovasi Häneen. Sinun tulee tehdä parhaasi kulkeaksesi valossa ja muuttaaksesi itsesi, sillä Jumala on itse valo.

Jumala iloitsee meidän teoistamme ja Hän täyttää sydämissämme olevat toiveet. Omaatko sinä tarpeeksi sellaista uskoa jonka Jumala hyväksyy?

Meitä muistuteaan Heprealaiskirjeessä 11:6 seuraavanlaisesti: *"Mutta ilman uskoa on mahdoton olla otollinen; sillä sen, joka Jumalan tykö tulee, täytyy uskoa, että Jumala on ja että hän palkitsee ne, jotka häntä etsivät".*

Minä rukoilen Herramme Jeesuksen Kristuksen nimessä, että sinä ymmärtäisit mitä Jumalaan uskominen on, ja että osoittamalla Hänelle sinun uskosi sinä miellyttäisit Häntä kokien Hänen voimansa ja eläen siunatun elämän!

Sanoma 2

Herraan uskominen

- Luojan poika, Pelastaja
- Aikojen alusta lähtien kätkettynä ollut Jumalan suunnitelma
- Jeesus Kristus on pätevä Maan lunastuksen lain mukaan
- Syy siihen että Jeesus naulittiin puuhun
- Herraan uskominen tarkoittaa Totuuteen vaihtamista

Heprealaiskirje 12:1-2

Sentähden, kun meillä on näin suuri pilvi todistajia ympärillämme, pankaamme mekin pois kaikki, mikä meitä painaa, ja synti, joka niin helposti meidät kietoo, ja juoskaamme kestävinä edessämme olevassa kilvoituksessa, silmät luotuina uskon alkajaan ja täyttäjään, Jeesukseen, joka hänelle tarjona olevan ilon sijasta kärsi ristin, häpeästä välittämättä, ja istui Jumalan valtaistuimen oikealle puolelle.

Monet ihmiset ovat nykyään kuulleet nimen "Jeesus Kristus".
Yllättävän moni ei kuitenkaan tiedä miksi Jeesus on
ihmiskunnan Pelastaja tai miksi me tulemme pelastetuksi jos me
uskomme Jeesukseen Kristukseen. Mikä pahinta, on olemassa
myös muutamia kristittyjä jotka eivät pysty vastaamaan näihin
kysymyksiin vaikka he ovatkin suoraan pelastukseen liitettyjä.
Tämä tarkoittaa sitä, että nämä kristityt elävät elämäänsä
Kristuksessa ilman että he ymmärtävät näiden kysymysten täyttä
merkitystä.

Joten me voimme kokea Jumalan voiman vasta sitten kun me
tiedämme ja ymmärrämme miksi Jeesus on meidän ainoa
Pelastajamme, mitä Hänen hyväksymisensä ja Häneen
uskominen tarkoittaa, ja kun me omaamme todellista uskoa.

Jotkut ihmiset pitävät Jeesusta yhtenä neljästä suuresta
pyhimyksestä. Toiset taas pitävät Häntä kristinuskon perustajana
tai suurenmoisena ihmisenä joka teki paljon hyvää elämänsä
aikana.

Meidän, jotka ovat tulleet Jumalan lapsiksi, täytyy kuitenkin
pystyä tunnustamaan että Jeesus on ihmiskunnan pelastaja joka
lunasti kaikki ihmiset vapaaksi heidän synneistään. Kuinka me
voisimme verrata Jeesusta Kristusta, Jumalan Poikaa, ihmisiin,
pelkkiin luotuihin olentoihin? Jopa Jeesuksen aikoina oli useita
eri lähtökohtia joiden mukaan ihmiset suhtautuivat Jeesukseen.

Luojan poika, Pelastaja

Matteus 16 kuvaa kohtauksen jossa Jeesus kysyi opetuslapsiltaan: *"Kenen ihmiset sanovat Ihmisen Pojan olevan?"* (jae 13) Lainaten eri ihmisten mielipiteitä opetuslapset vastasivat: *"Muutamat Johannes Kastajan, toiset Eliaan, toiset taas Jeremiaan tahi jonkun muun profeetoista"* (jae 14). Sitten Jeesus kysyi opetuslapsiltaan: *"Kenenkä te sanotte minun olevan?"* (jae 15) johon Pietari vastasi: *"Olet Kristus, elävän Jumalan Poika"* (jae 16). Jeesus kehui häntä: *"Autuas olet sinä, Simon, Joonaan poika, sillä ei liha eikä veri ole sitä sinulle ilmoittanut, vaan minun Isäni, joka on taivaissa"* (jae 17). Jeesuksen esittämien lukuisten Jumalan voiman tekojen tähden Pietari oli varma että Hän oli Jumalan, Luojan, Poika, sekä Kristus, ihmiskunnan Pelastaja.

Alussa Jumala loi ihmisen tomusta Hänen omaksi kuvakseen, ja Hän johdatti tämän Eedenin puutarhaan. Puutarhassa kasvoi hyvän- ja pahantiedon puu ja Jumala sanoi Aatamille, ensimmäiselle ihmiselle: *"Syö vapaasti kaikista muista paratiisin puista, mutta hyvän-ja pahantiedon puusta älä syö, sillä sinä päivänä, jona sinä siitä syöt, pitää sinun kuolemalla kuoleman"* (Genesis 2:16-17).

Pitkän ajan kuluttua ensimmäinen mies ja ensimmäinen nainen, Aatami ja Eeva, tulivat Saatanan usuttaman käärmeen kiusaamaksi ja rikkoivat Jumalan käskyä. Lopulta he söivät hyvän- ja pahantiedon puusta ja heidät ajettiin ulos Eedenin puutarhasta. Heidän tekonsa seurauksena Aatamin ja Eevan jälkeläiset perivät heidän syntisen luontonsa. Jumala myös sanoi Aatamille että tämä tulisi kuolemaan ja että hänen jälkeläistensä henget tulisivat myös kuolemaan.

Joten Jumala valmisteli tien pelastukseen ennen aikojen alkua Luojan Pojan, Jeesuksen Kristuksen, kautta. Apostolien teot 4:12 sanoo: *"Eikä ole pelastusta yhdessäkään toisessa; sillä ei ole taivaan alla muuta nimeä ihmisille annettu, jossa meidän pitäisi pelastuman"*. Jeesusta Kristusta lukuunottamatta kukaan muu maailmanhistorian aikana ei ole ollut pätevä toimimaan koko ihmiskunnan Pelastajana.

Aikojen alusta lähtien kätkettynä ollut Jumalan suunnitelma

1. Korinttolaiskirje 2:6-7 sanoo: *"Kuitenkin me puhumme viisautta täydellisten seurassa, mutta emme tämän maailman viisautta emmekä tämän maailman valtiasten, jotka kukistuvat, vaan me puhumme salattua Jumalan viisautta, sitä kätkettyä, jonka Jumala on edeltämäärännyt ennen maailmanaikoja meidän kirkkaudeksemme"*. 1. Korinttolaiskirje 2:8-9 muistuttaa meitä lisäksi: *"sitä, jota ei kukaan tämän maailman valtiaista ole tuntenut-sillä jos he olisivat sen tunteneet, eivät*

he olisi kirkkauden Herraa ristiinnaulinneet-vaan, niinkuin kirjoitettu on: 'mitä silmä ei ole nähnyt eikä korva kuullut, mikä ei ole ihmisen sydämeen noussut ja minkä Jumala on valmistanut niille, jotka häntä rakastavat'". Meidän tulee ymmärtää, että Jumalan ennen aikojen alkua valmistama tie ihmiskunnan pelastukseen käy Jeesuksen Kristuksen ristin kautta, ja tämä on kätkettynä ollut Jumalan viisaus.

Kaiken Luojana Jumala hallitsee koko maailmankaikkeutta ja koko ihmiskunnan historiaa. Maan presidentti tai kuningas hallitsevat maata sen lakien mukaan; yhtiön pääjohtaja johtaa yhtiötään sen ohjesääntöjen mukaisella tavalla; ja perheen pää johtaa perhettä perheen sääntöjen mukaisesti. Vaikka Jumala onkin kaiken maailmankaikkeudessa olevan omistaja, Hän hallitsee aina Raamatusta löytyvien hengellisen maailman lakien mukaiseti.

Hengellisen maailman lakien mukainen sääntö *"Synnin palkka on kuolema"* (Roomalaiskirje 6:23) rankaisee syyllisiä. On myös olemassa sääntö joka voi vapauttaa meidät synneistämme. Tämän tähden Jumala soveli tätä sääntöä lunastaakseen meidät synneistämme jotta Hän palauttaisi Aatamin niskoittelun tähden paholaiselle menetetyn auktoriteetin.

Mikä oli sitten tämä sääntö jonka mukaan ihmiskunta saattoi pelastua ja Aatamin paholaiselle menettämä auktoriteetti saattoi tulla palautetuksi? Jumala valmisti ihmiskunnan pelastuksen

"Maan lunastuksen lain" mukaan jo ennen aikojen alkua.

Jeesus Kristus on pätevä Maan lunastuksen lain mukaan

Jumala antoi Israelille "maan lunastuksen lain" joka sanoi seuraavasti: maata ei saanut myydä pysyvästi; ja jos joku köyhtyi ja myi maansa, hänen lähisukulaisensa tai hänen itsensä täytyi tulla ja lunastaa se, palauttaen siten maan omistussuhteen ennalleen (3. Moos. 25:23-28).

Jumala tiesi etukäteen että Aatami luovuttaisi hänen Jumalalta saamansa auktoriteetin paholaiselle niskoittelunsa kautta. Kaiken tässä maailmankaikkeudessa olevan alkuperäisenä ja oikeana Omistajana Jumala luovutti paholaiselle Aatamin kerran omanneen auktoriteetin ja kunnian, aivan kuten hengellisen maailman laki sanoi. Tämän tähden kun paholainen kiusasi Jeesusta Luukaksen 4 luvussa näyttäen Hänelle kaikki maailman kuningaskunnat, se saattoi sanoa Jeesukselle: *"Sinulle minä annan kaiken tämän valtapiirin ja sen loiston, sillä minun haltuuni se on annettu, ja minä annan sen, kenelle tahdon. Jos sinä siis kumarrut minun eteeni, niin tämä kaikki on oleva sinun"* (Luukas 4:6-7).

Maan lunastuksen lain mukaan kaikki maa kuuluu Jumalalle. Joten ihminen ei voi koskaan myydä sitä pysyvästi, ja kun pätevä yksilö ilmestyy, myydyt maat täytyy palauttaa tälle henkilölle. Myös kaikki maailmankaikkeudessa olevat asiat kuuluvat Jumalalle, joten Aatami ei voinut "myydä" niitä pysyvästi, eikä paholainen voinut siten omistaa niitä pysyvästi. Joten kun yksilö joka oli pätevä lunastamaan Aatamin auktoriteetin ilmestyi, paholaisella ei ollut muuta vaihtoehtoa kuin luovuttaa pois sen Aatamilta saamansa auktoriteetin.

Ennen aikojen alkua oikeudenmukainen Jumala valmisti syyttömän ihmisen joka oli maan lunastuksen lain mukaan pätevä, ja siten Hän myös valmisti ihmiskunnan tien pelastukseen Jeesuksen Kristuksen kautta.

Kuinka Jeesus Kristus saattaisi sitten maan lunastuksen mukaan palauttaa ennalleen paholaiselle luovutetun auktoriteetin? Jeesus saattoi lunastaa kaikki koko ihmiskunnan synnit ja palauttaa paholaiselle luovutetun auktoriteetin vasta kun Hän täytti seuraavat neljä vaatimusta.

Ensiksi, lunastajan täytyy olla ihminen, Aatamin "lähin sukulainen".

3. Moos. 25:25 sanoo meille: *"Jos veljesi köyhtyy ja myy perintömaatansa, niin hänen lähin sukulunastajansa tulkoon ja lunastakoon sen, mitä hänen veljensä on myynyt"*. Koska lähin sukulainen pystyi lunastamaan maan, Aatamin lähisukulaisen täytyy olla ihminen voidakseen lunastaa Aatamin

luovuttaman auktoriteetin. 1. Korinttolaiskirje 15:21-11 sanoo: *"Sillä koska kuolema on tullut ihmisen kautta, niin on myöskin kuolleitten ylösnousemus tullut ihmisen kautta. Sillä niinkuin kaikki kuolevat Aadamissa, niin myös kaikki tehdään eläviksi Kristuksessa"*. Toisin sanoen, koska kuolema ilmestyi erään ihmisen niskoittelun vuoksi, kuolleen hengen ylösnousemuksen täytyy tapahtua toisen ihmisen kautta.

Jeesus Kristus on *"Sana [joka] tuli lihaksi"* ja tuli maan päälle (Joh. 1:14). Hän on Jumalan Poika, lihasta syntynyt ja sekä taivaallisen että maallisen luonteen omaava. Hänen syntymänsä on historiallinen tosiseikka josta todistavat useat eri asiat. Ihmiskunnan historiaa merkitään käyttämällä "eKr." "Ennen Kristusta" ja "jKr." "jälkeen Kristuksen".

Jeesus Kristus tuli maahan lihana, ja siten Hän on Aatamin "lähin sukulainen" ja täyttää ensimmäisen vaatimuksen.

Toiseksi, lunastaja ei saa olla Aatamin jälkeläinen.

Jotta henkilö voi lunastaa muita ihmisiä synneistä hän ei saa itse olla syntinen. Kaikki niskoittelunsa vuoksi syntiseksi tulleen Aatamin jälkeläiset ovat syntisiä. Joten maan lunastuksen lain mukaisesti lunastaja ei saa olla Aatamin jälkeläinen.

Ilmestyskirja 5:1-3 kuuluu seuraavasti:

Ja minä näin valtaistuimella istuvan oikeassa kädessä kirjakäärön, sisältä ja päältä täyteen kirjoitetun, seitsemällä sinetillä suljetun. Ja minä näin väkevän enkelin, joka suurella äänellä kuulutti: "Kuka on arvollinen avaamaan tämän kirjan ja murtamaan sen sinetit?" Eikä kukaan taivaassa eikä maan päällä eikä maan alla voinut avata kirjaa eikä katsoa siihen.

Tässä "seitsemällä sinetillä suljettu" kirja viittaa sopimukseen jonka Jumala ja paholainen solmivat Aatamin niskoittelun jälkeen. Sen, joka on "arvollinen avaamaan tämän kirjan ja murtamaan sen sinetit" täytyy olla sopiva maan lunastuksen lain mukaisesti. Apostoli Johanneksen katsoessa ympärilleen löytääkseen jonkun joka voisi avata tämän kirjan ja rikkoa sen sinetit hän ei nähnyt ketään tähän sopivaa henkilöä.

Johannes katsoi ylös taivaaseen mutta hän näki pelkästään enkeleitä, ei ihmisiä. Hän katsoi maahan ja näki siellä ainoastaan Aatamin jälkeläisiä, jotka olivat kaikki syntisiä. Hän katsoi maan alle ja näki siellä ainoastaan helvettiin matkalla olevia syntisiä sekä paholaiselle kuuluvia olentoja. Johannes itki itkemistään, sillä kukaan ei ollut maan lunastuksen lain mukaan tähän pätevä (jae 4).

Sitten yksi vanhemmista lohdutti Johannesta, sanoen hänelle: *"Älä itke; katso, jalopeura Juudan sukukunnasta, Daavidin juurivesa, on voittanut, niin että hän voi avata kirjan ja sen seitsemän sinettiä"* (jae 5). Tässä "jalopeura Juudan sukukunnasta, Daavidin juurivesa" viittaa Jeesukseen joka on Juudan sukukunnasta ja Daavidin talosta; maan lunastuksen lain mukaan Jeesus Kristus on pätevä olemaan lunastaja

Matteus 1:18-21 kertoo meille yksityiskohtaisesti Herran syntymästä:

> *Jeesuksen Kristuksen syntyminen oli näin. Kun hänen äitinsä Maria oli kihlattu Joosefille, huomattiin hänen ennen heidän yhteenmenoaan olevan raskaana Pyhästä Hengestä. Mutta kun Joosef, hänen miehensä, oli hurskas, ja koska hän ei tahtonut saattaa häntä häpeään, aikoi hän salaisesti hyljätä hänet. Mutta kun hän tätä ajatteli, niin katso, hänelle ilmestyi unessa Herran enkeli, joka sanoi: "Joosef, Daavidin poika, älä pelkää ottaa tykösi Mariaa, vaimoasi; sillä se, mikä hänessä on siinnyt, on Pyhästä Hengestä. Ja hän on synnyttävä pojan, ja sinun on annettava hänelle nimi Jeesus, sillä hän on vapahtava kansansa heidän synneistänsä".*

Syy siihen että Jumalan ainoa poika Jeesus Kristus tuli tähän maailmaan lihana (Joh. 1:14) neitsyt Marian kohdun kautta on se, että Jeesuksen täytyi olla ihminen olematta Aatamin jälkeläinen jotta Hän voisi olla pätevä olemaan lunastaja maan lunastuksen lain mukaisesti.

Kolmanneksi, lunastajalla täytyy olla valtaa.

Kuvittele, että nuorempi veli köyhtyy ja myy maansa ja hänen vanhempi veljensä tahtoo lunastaa maan nuoremmalle veljelleen. Tämän vanhemman veljen täytyy saada tarpeeksi suuri summa kasaan pystyäkseen tämän tekemiseen (3. Moos. 25:26). Jos nuorempi veli on suurissa veloissa ja hänen vanhempi veljensä tahtoo maksaa tämän velan takaisin, tämä vanhempi veli voi tehdä näin ainoastaan jos hänellä "niin paljon" kuin tähän tarvitaan. Pelkästään hyvät aikomukset eivät siis ole tarpeeksi.

Samalla tavalla syntisen muuttamiseksi vanhurskaaksi tarvitaan "tarpeeksi voimaa". Tässä lunastukseen tarvittava voima viittaa voimaan jolla voidaan lunastaa koko ihmiskunta synnistä. Toisin sanoen, maan lunastuksen lain mukaan pätevästä koko ihmiskunnan pelastajasta ei saa löytyä ollenkaan syntiä.

Jeesuksessa Kristuksessa ei ole lainkaan perisyntiä, sillä Hän ei ole Aatamin jälkeläinen. Jeesus Kristus ei myöskään kanna Hänen itsensä tekemiä syntejä, sillä Hän eli täysin lain mukaisesti 33 maanpäällisen vuotensa aikana. Hänet ympärileikattiin kahdeksantena päivänä Hänen syntymänsä jälkeen, ja ennen kuin Hän aloitti kolmevuotisen saarnauransa

Hän totteli ja rakasti vanhempiaan täysin ja noudatti kaikkia heidän käskyjään kuuliaisesti.

Tämän tähden Heprealaiskirje 7:26 sanoo: *"Senkaltainen ylimmäinen pappi meille sopikin: pyhä, viaton, tahraton, syntisistä erotettu ja taivaita korkeammaksi tullut"*. 1. Piet. 2:22-13 taas puolestaan sanoo näin: *"[Kristus] ei syntiä tehnyt ja jonka suussa ei petosta ollut joka häntä herjattaessa ei herjannut takaisin, joka kärsiessään ei uhannut, vaan jätti asiansa sen haltuun, joka oikein tuomitsee"*.

Neljänneksi, lunastajassa täytyy olla rakkautta.

Näiden kolmen ehdon lisäksi tarvitaan myös rakkautta jotta maan lunastus voi täyttyä. Ilman rakkautta vanhempi veli joka on kykeneväinen lunastamaan maan nuoremman veljensä puolesta ei tätä tee. Vaikka vanhempi veli olisi koko maan rikkain mies ja hänen nuoremmalla veljellään olisi suunnattomia velkoja, tämä vanhempi veli ei auttaisi nuorempaansa jos hän ei omaisi rakkautta. Mitä hyötyä nuoremmalle veljelle olisi hänen vanhemman veljensä vaikutusvallasta ja vauraudesta?

Ruut 4 kertoo Boasista joka tiesi missä tilanteessa Ruutin anoppi Naomi oli. Kun Boas pyysi Naomin "sukulunastajaa" lunastamaan Naomin perinnön, tämä vastasi hänelle: *"En voi lunastaa sitä itselleni, sillä siten minä turmelisin oman perintöosani. Lunasta sinä itsellesi, mitä minun olisi lunastettava; minä en voi sitä tehdä"* (jae 6). Sitten Boas lunasti maan Naomille suuressa rakkaudessaan. Tämän jälkeen Boasia siunattiin olemaan yksi Daavidin esi-isistä.

Maahan lihana tullut Jeesus ei ollut Aatamin jälkeläinen, sillä hän sikisi Pyhästä Hengestä eikä Hän tehnyt ollenkaan syntiä. Tästä johtuen Hänellä oli "tarpeeksi paljon" voidakseen lunastaa meidät. Jeesus ei olisi kuitenkaan käynyt läpi ristiinnaulitsemisen kuolemaa jos Hänessä ei olisi ollut rakkautta. Jeesus oli kuitenkin niin täynnä rakkautta että Hän antoi pelkkien luotujen ihmisten ristiinnaulita Hänet. Hän vuodatti verensä ja lunasti ihmiskunnan, avaten siten tien pelastukseen. Tämä on tuloksena Isä Jumalan mittaamattomasta rakkaudesta ja kuolemaansa saakka uskollisena olleen Jeesuksen uhrauksesta.

Syy siihen että Jeesus naulittiin puuhun

Miksi Jeesus naulittiin puiseen ristiin? Tämä tapahtui hengellisen lain täyttymiseksi, joka sanoo että *"Kristus on lunastanut meidät lain kirouksesta, kun hän tuli kiroukseksi meidän edestämme sillä kirjoitettu on: 'Kirottu on jokainen, joka on puuhun ripustettu'"* (Galatalaiskirje 3:12). Jeesus ripustettiin puuhun meidän puolestamme jotta Hän voisi vapauttaa meidät "lain kirouksesta".

Leviticus 17:11 sanoo, *"Sillä lihan sielu on veressä, ja minä*

olen sen teille antanut alttarille, että se tuottaisi teille
sovituksen; sillä veri tuottaa sovituksen, koska sielu on siinä".
Heprealaiskirje 9:22 kuuluu näin: *"Niin puhdistetaan lain*
mukaan miltei kaikki verellä, ja ilman verenvuodatusta ei
tapahdu anteeksiantamista". Veri on elämä, sillä ilman veren
vuodatusta "ei tapahdu anteeksiantamista". Jeesus vuodatti
Hänen viattoman ja kallisarvoisen verensä jotta me voisimme
saada elämän.

Lisäksi Jeesuksen ristin kärsimysten kautta uskovat
vapautetaan sairauksien, heikkouksien, köyhyyden ja muiden
vastaavien kirouksista. Koska Jeesus eli hetken aikaa
köyhyydessä ollessaan tässä maailmassa, Hän on pitänyt huolen
meidän köyhyydestämme. Meidät on vapautettu kaikista
sairauksista sen tähden että Jeesus tuli ruoskituksi. Kantamalla
piikkikruunua Jeesus vapautti meidät kaikista synneistä joita
me teemme ajatuksissamme. Hän myös vapautti meidät
kaikista synneistä joita me olemme tehneet käsillämme ja
jaloillamme sen kautta että Hänet naulittiin ristille Hänen
käsiensä ja jalkojensa läpi.

Herraan uskominen tarkoittaa Totuuteen vaihtamista

Ihmiset jotka todella ymmärtävät ristin johdatuksen ja
uskovat siihen sydämiensä pohjasta tulevat hankkiutumaan

eroon kaikista synneistään ja elämään Jumalan tahdon mukaisesti. Jeesus sanoo meille jakeessa Joh. 13:23: *"Jos joku rakastaa minua, niin hän pitää minun sanani, ja minun Isäni rakastaa häntä, ja me tulemme hänen tykönsä ja jäämme hänen tykönsä asumaan"*. Tämänkaltaiset yksilöt saavat osakseen Jumalan rakkauden ja Hänen siunauksensa.

Miksi sitten ihmiset jotka tunnustavat uskovansa Herraan eivät saa vastauksia rukouksiinsa ja he joutuvat elämään koettelemusten ja vaikeuksien keskellä? Tämä johtuu siitä, että vaikka nämä ihmiset saattavatkin sanoa uskovansa Jumalaan, Jumala ei pidä heidän uskoaan aitona uskona. Tämä tarkoittaa sitä, että siitä huolimatta että he ovat kuulleet Jumalan sanaa, nämä ihmiset eivät ole vielä hankkiutuneet eroon synneistään ja vaihtaneet totuuteen.

Lukemattomat uskovat eivät esimerkikisi noudata kymmentä käskyä, kristillisen elämän perustusta. Tämänkaltaiset yksilöt ovat tietoisia käskystä joka sanoo: "muista pyhittää lepopäiväsi". Silti he kuitenkin käyvät ainoastaan aamujumalanpalveluksessa tai sitten he eivät käy ollenkaan jumalanpalveluksessa tehden omia töitään Herran päivänä. He tietävät että heidän tulisi antaa kymmenyksiä, mutta he eivät anna täysiä kymmenyksiä sillä raha on heille liian tärkeää. Jumala sanoi meille selvästi että kymmenysten pimittäminen on Hänen "ryöväämistään", joten kuinka tämänkaltaiset ihmiset voisivat sitten saada osakseen vastauksia ja siunauksia (Malakia 3:8)?

On myös olemassa uskovia jotka eivät koskaan unohda muiden virheitä tai vikoja. He suuttuvat ja suunnittelevat kuinka maksaa pahat teot takaisin samankaltaisella pahuudella. Jotkut tekevät lupauksia mutta rikkovat ne yhä uudelleen ja uudelleen, kun taas toiset syyttävät ja valittavat aivan kuten maailmalliset ihmiset. Kuinka heidän voitaisiin sanoa omaavan uskoa?

Jos me omaamme todellista uskoa meidän tulee pyrkiä tekemään kaiken Jumalan tahdon mukaisesti, välttää kaikenlaista pahaa ja olla Hänen oman elämänsä syntisten puolesta antaneen Herran kaltainen. Tällaiset ihmiset voivat antaa anteeksi ja rakastaa niitäkin jotka vihaavat ja satuttavat heitä, ja he palvelevat aina toisia ja uhraavat itsensä näiden puolesta.

Hankkiuduttuasi eroon äkkipikaisuudestasi sinä muutut lempeäksi henkilöksi jonka huulilta kuuluu vain hyvyyden ja lämmön sanoja. Aidon uskon avulla sinä muutut ja annat kiitosta kaikissa olosuhteissa, ja sinä jaat armon kaikkien ympärilläsi olevien ihmisten kanssa vaikka sinä olisitkin aikaisemmin samankaltaisissa tilanteissa valittanut.

Jos me todellakin uskomme Herraan, meidän kaikkien tulee olla Hänen kaltaisiaan ja elää muuttunutta elämää. Tällä tavalla me saamme vastauksia ja siunauksia Jumalalta.

Heprealaiskirje 12:1-2 sanoo:

Sentähden, kun meillä on näin suuri pilvi todistajia

ympärillämme, pankaamme mekin pois kaikki, mikä meitä painaa, ja synti, joka niin helposti meidät kietoo, ja juoskaamme kestävinä edessämme olevassa kilvoituksessa, silmät luotuina uskon alkajaan ja täyttäjään, Jeesukseen, joka hänelle tarjona olevan ilon sijasta kärsi ristin, häpeästä välittämättä, ja istui Jumalan valtaistuimen oikealle puolelle.

Meidän ympärillämme on monia ihmisiä jotka ovat tulleet pelastetuiksi ja jotka ovat saaneet siunauksia heidän uskonsa kautta Herraan. Tämä ei siis koske ainoastaan Raamatussa olevia uskon esi-isiä.

Omatkaamme siis todellista uskoa kuin "suuri todistajapilvi" konsanaan! Heittäkäämme pois kaiken meitä pidättelevän ja meidät niin helposti sitovan synnin, ja pyrkikäämme olemaan Herran kaltainen! Vasta sitten käy niin kuin Jeesus lupasi Johanneksen evankeliumissa 15:7: *"Jos te pysytte minussa ja minun sanani pysyvät teissä, niin anokaa, mitä ikinä tahdotte, ja te saatte sen".* Tällöin me saamme elää elämän, joka on täynnä Hänen rukousvastauksia ja siunauksia.

Jos sinä et vielä elä tämänkaltaista elämää, niin katso miten sinä olet elänyt, paranna sydämesi ja kadu sitä että sinä et ole uskonut Herraan oikealla tavalla, ja päätä elää ainoastaan Jumalan sanan mukaisesti.

Minä rukoilen Jeesusen Kristuksen nimessä, että jokainen

teistä saisi omata uskoa, kokea Jumalan voiman, ja kirkastaa Häntä suuresti kaikkien teidän rukousvastauksienne ja siunaustenne avulla!

Sanoma 3
Jalokiveäkin kauniimpi astia

- Jumala vertaa rakkaita lapsiaan "astioihin"
- Siunaukset jalokiviäkin kauniimmille astioille

2. Timoteus 2:20-21

Mutta suuressa talossa ei ole ainoastaan kulta-ja hopea-
astioita, vaan myös puu-ja saviastioita, ja toiset ovat
jaloa, toiset halpaa käyttöä varten. Jos nyt joku puhdistaa
itsensä tämänkaltaisista, tulee hänestä astia jaloa käyttöä
varten, pyhitetty, isännälleen hyödyllinen, kaikkiin hyviin
tekoihin valmis.

Jumala loi maailmankaikkeuden jotta Hän voisi korjata uskollisten lasten sadon joiden kanssa Hän voisi jakaa rakkautensa.

Ihmiset tekivät kuitenkin syntiä, harhaantuivat luomisensa tarkoituksesta ja tulivat paholais-vihollisen ja Saatanan orjiksi (Roomalaiskirje 3:23). Rakkauden Jumala ei kuitenkaan luopunut aikeestaan korjata uskollisten lasten sadon. Hän avasi tien pelastukseen synnin keskeltä löytyville ihmisille. Jumala lähetti Hänen ainoan Poikansa Jeesuksen maan päälle ristiinnaulittavaksi jotta Hän voisi lunastaa koko ihmiskunnan synnit.

Tämän uskomattoman rakkauden ja siihen liittyneen suuren uhrauksen tähden kaikille Jeesukseen Kristukseen uskoville on avattu tie pelastukseen. Kuka tahansa voi saada omakseen oikeuden olla Jumalan lapsi jos hän vain uskoo sydämessään, että Jeesus kuoli ja nousi haudastaan ja jos hän tunnustaa suullaan että Jeesus on hänen Pelastajansa.

Jumala vertaa rakkaita lapsiaan "astioihin"

2. Tim. 2:20-21 kuuluu seuraavasti: *"Mutta suuressa talossa ei ole ainoastaan kulta-ja hopea-astioita, vaan myös puu-ja saviastioita, ja toiset ovat jaloa, toiset halpaa käyttöä varten. Jos nyt joku puhdistaa itsensä tämänkaltaisista, tulee hänestä*

astia jaloa käyttöä varten, pyhitetty, isännälleen hyödyllinen, kaikkiin hyviin tekoihin valmis". Joten astian tarkoitus on pitää sisällään asioita. Jumala vertaa Hänen lapsiaan "astioihin", sillä Hän voi täyttää heidät rakkaudella ja armolla, Hänen sanallaan, joka on totuus, sekä Hänen voimallaan ja vallallaan. Joten meidän tulee ymmärtää, että me voimme nauttia kaikenlaisista Jumalan meitä varten valmistamista hyvistä lahjoista ja siunauksista sen mukaan minkälaisia astioita me olemme.

Minkälainen astia sitten on yksilö joka pystyy kantamaan sisällään kaikki Jumalan valmistamat siunaukset? Tämänkaltainen astia on astia, jota Jumala pitää kallisarvoisena, jalona ja kauniina.

Ensinnäkin, "kallisarvoinen" astia täyttää kaikki hänen Jumalan antamat velvollisuutensa. Tähän joukkoon kuuluvat esimerkiksi Johannes Kastaja, joka valmisti tien Herra Jeesukselle sekä Israelin kansan Egyptistä pois johdattanut Mooses.

Toisekseen, "jalo" astia omaa sellaisia piirteitä kuten rehellisyyden, totuudenmukaisuuden, päättäväisyyden ja uskollisuuden. Kaikki nämä piirteet ovat harvinaisia tavallisten ihmisten parissa. Tähän joukkoon kuuluvat esimerkiksi Joosef ja Daniel, joilla molemmilla oli vaikutusvaltaisen maan pääministeriä vastaava arvo, ja jotka molemmat kirkastivat Jumalaa suuresti.

Lopulta, Jumalan silmissä "kaunis" astia omaa hyvän sydämen, joka ei koskaan riitele tai tappele vaan hyväksyy ja sietää kaiken totuudessa. Esimerkiksi maanmiehensä pelastanut

Esteri ja "Jumalan ystäväksi" kutsuttu Aabraham kuuluvat tähän joukkoon.

"Jalokiveäkin kauniimpi astia" kuvaa henkilöä, joka omaa piirteitä jotka tekevät hänestä Jumalan edessä kallisarvoisen, jalon ja kauniin. Soran joukossa oleva jalokivi on erittäin huomiotaherättävä. Samalla tavoin jalokiveäkin kauniimmat Jumalan ihmiset ovat epäilemättä erittäin silmiinpistäviä.

Useat jalokivet ovat kalliita niiden kokoon nähden, mutta niiden säihke ja niiden silmiinpistävä väriskaala saa ihmiset halajamaan niitä niiden kauneuden tähden. Kaikki kiiltävät kivet eivät ole kuitenkaan jalokiviä. Aidoissa jalokivissä täytyy olla kiiltoa ja eri värisävyjä sekä fyysistä kiinteyttä. "Fyysisellä kiinteydellä" viitataan tässä materiaalin kykyyn sietää kuumuutta, sen kykyä olla saastumatta sen ollessa kosketuksissa muiden aineiden kanssa sekä sen taipumukseen säilyttää muotonsa. Harvinaisuus on eräs toinen tärkeä tekijä.

Kuinka kallisarvoinen, jalo ja kaunis astia olisikaan jos se olisi ihmeellisen kirkas, fyysisesti kiinteä sekä harvinainen? Jumala tahtoo Hänen lastensa tulevan jalokiviäkin kauniimmiksi astioiksi ja elävän siunattuja elämiä. Jumala löytäessä tämänkaltaisia astioita Hän kaataa heihin säästämättä Hänen rakkautensa merkkejä sekä iloa.

Kuinka me voimme tulla astioiksi jotka ovat Jumalan silmissä jalokiviäkin kauniimpia?

Ensinnäkin, sinun tulee saavuttaa sydämesi pyhittyminen
Jumalan sanan avulla, joka on itse totuus.

Jotta astiaa voidaan käyttää sen alkuperäistä tarkoitusta
varten sen täytyy olla puhdas. Edes kallista kultaista astiaa ei
voida käyttää jos se on tahrainen ja haisee pahalle. Vasta sitten
kun tämä kallis, kultainen astia on pesty puhtaaksi vedellä
voidaan sitä käyttää kuten alunperin tarkoitettu.

Tämä sama sääntö koskee Jumalan lapsia. Jumala on
valmistanut Hänen lapsiaan varten runsaasti siunauksia ja
erilaisia lahjoja, vaurauden ja rikkauksien lahjoja sekä
kaikenlaisia muita vastaavia. Meidän täytyy kuitenkin ensin
puhdistaa itsemme puhtaiden astioiden tapaan voidaksemme
saada näitä siunauksia ja lahjoja.

Jeremia 17:9 sanoo seuraavasti: *"Petollinen on sydän ylitse
kaiken ja pahanilkinen; kuka taitaa sen tuntea?"* Jeesus sanoo
Matteuksen jakeissa 15:18-19 seuraavasti: *"Mutta mikä käy
suusta ulos, se tulee sydämestä, ja se saastuttaa ihmisen. Sillä
sydämestä lähtevät pahat ajatukset, murhat, aviorikokset,
haureudet, varkaudet, väärät todistukset,
jumalanpilkkaamiset"*. Joten me voimme tulla puhtaiksi
astioiksi vasta sitten kun me puhdistamme sydämemme.
Tultuamme puhtaiksi astioiksi yksikään meistä ei tule enää
koskaan ajattelemaan "pahoja ajatuksia", sano pahoja sanoja tai
tee pahoja tekoja.

Sydämiemme puhdistaminen on mahdollista ainoastaan hengellisen veden, Jumalan sanan, avulla. Tämän tähden Raamattu kehottaa Efesolaiskirjeessä 5:25 *"että hän sen pyhittäisi, puhdistaen sen, vedellä pesten, sanan kautta"*, ja se rohkaisee meitä seuraavasti: *"niin käykäämme esiin totisella sydämellä, täydessä uskon varmuudessa, sydän vihmottuna puhtaaksi pahasta omastatunnosta ja ruumis puhtaalla vedellä pestynä"* (Heprealaiskirje 10:22).

Kuinka hengellinen vesi – Jumalan sana – sitten puhdistaa meidät? Meidän täytyy noudattaa Raamatun 66 kirjasta löytyviä käskyjä jotka auttavat meitä "puhdistamaan" sydämemme. Noudattamalla käskyjä jotka alkavat "älä" tai "heitä pois", me hankkiudumme lopulta eroon kaikesta syntisestä ja pahasta.

Hänen sanallaan sydämensä puhdistaneiden ihmisten käytös tulee myös kokemaan muutoksen ja se peilaa Kristuksen valoa. Sanan noudattamista ei voida kuitenkaan saavuttaa pelkin omin voimin ja tahdonvoimin, vaan Pyhän Hengen täytyy ohjata ja auttaa sinua sen saavuttamiseksi.

Kun me kuulemme ja ymmärrämme Sanaa, avaamme sydämemme ja otamme Jeesuksen vastaan Pelastajaksemme Jumala antaa meille Pyhän Hengen lahjaksi. Pyhä Henki asuu ihmisissä jotka hyväksyvät Jeesuksen Pelastajakseen, ja se auttaa heitä kuulemaan ja ymmärtämään totuuden. Raamattu sanoo: *"Mikä lihasta on syntynyt, on liha; ja mikä Hengestä on syntynyt, on henki"* (Joh 3:6). Pyhän Hengen saaneet Jumalan lapset voivat hankkiutua eroon synnistä ja pahuudesta joka päivä Pyhän Hengen voiman avulla, ja siten he voivat tulla hengellisiksi ihmisiksi.

Onko kukaan teistä hermostunut tai huolissaan, ajatellen: "Kuinka minä voin pitää kaikki nuo käskyt?" 1. Joh. 5:2-3 muistuttaa meitä: *"Siitä me tiedämme, että rakastamme Jumalan lapsia, kun rakastamme Jumalaa ja noudatamme hänen käskyjänsä. Sillä rakkaus Jumalaan on se, että pidämme hänen käskynsä. Ja hänen käskynsä eivät ole raskaat"*. Jos sinä rakastat Jumalaa sydämesi pohjasta, Hänen käskyjensä noudattaminen ei voi olla vaikeaa.

Kun vanhemmat saavat lapsia he huolehtivat kaikista lapsen tarpeista, ruokkimisen, vaatettamisen ja kylvettämisen mukaanlukien. Vanhemmat saattavat tuntea tämän taakaksi jos he joutuvat huolehtimaan lapsesta joka ei ole heidän. Omasta lapsesta huolehtiminen ei kuitenkaan koskaan tunnu taakalta. Vanhempia ei edes häiritse jos lapsi herää ja itkee keskellä yötä, sillä he rakastavat lastaan liian paljon ollakseen ärtyneitä. On suuri ilon ja onnen aihe tehdä jotain rakkaimman eteen, eikä se siten ole koskaan vaikeaa tai ärsyttävää. Jos me todella uskomme että Jumala on henkiemme Isä, ja että Hän mittaamattomassa rakkaudessaan antoi Hänen ainoan Poikansa ristiinnaulittavaksi meidän puolestamme, niin kuinka me voisimme olla rakastamatta Häntä? Jos me lisäksi rakastamme Jumalaa, niin

Hänen sanansa mukaan eläminen ei ole työlästä. Sen sijaan meistä olisi työlästä ja tuskaisaa jos me emme eläisi Jumalan sanan mukaan tai noudattaisi Hänen tahtoaan.

Minä olin kärsinyt useista sairauksista seitsemän vuoden ajan kun vanhempi sisareni johdatti minut Jumalan pyhättöön. Minä kohtasin elävän Jumalan samalla kun minä sain Pyhän Hengen tulen ja tulin parannetuksi kaikista vaivoistani laskeutuessani pyhäkössä polvilleni. Tämä tapahtui huhtikuun 17. päivä, vuonna 1974. Tämän jälkeen minä aloin osallistua kaikenlaisiin palveluksiin täynnä kiitollisuutta Jumalan armosta. Tuon vuoden marraskuussa minä otin osaa ensimmäiseen herätyskokoukseeni, jossa minä aloin opetella Hänen Sanaansa, joka on kristillisen elämän perusta.

"Ah, Jumala on siis tämänkaltainen!"
"Minun täytyy heittää pois kaikki syntini!"
"Näin siis tapahtuu kun minä uskon!"
"Minun tulee lopettaa polttaminen ja juominen!"
"Minun täytyy rukoilla jatkuvasti!"
"Kymmenysten antaminen on pakollista,
enkä minä saa astua Jumalan eteen tyhjin käsin!"

Koko viikon ajan minä kuuntelin sanaa pelkkä "Aamen!" sydämessäni.

Herätyskokouksen jälkeen minä lopetin juomisen ja polttamisen ja aloin antaa kymmenyksiä ja kiitosuhreja. Minä aloin myös rukoilla aina aamuisin, ja lopulta minusta tuli rukouksen mies. Minä tein täsmälleen niinkuin minä olin oppinut ja aloin myös lukea Raamattua.

Hetkessä, Jumalan voiman avulla, minä parannuin kaikista sairauksistani ja heikkouksistani joita mitkään tämän maailman konstit eivät olleet pystyneet parantamaan. Tästä johtuen minä saatoin uskoa täydesti jokaiseen Raamatun jakeeseen ja lukuun. Raamatussa oli joitakin kohtia joita en täysin ymmärtänyt sen tähden että olin vielä tuore uskossani. Minä kuitenkin aloin välittömästi noudattaa niitä käskyjä jotka minä pystyin ymmärtämään. Kun Raamattu esimerkiksi käski minua olemaan valehtelematta, minä sanoin itselleni: "Valehtelu on syntiä! Raamattu sanoo että minä en saa valehdella, joten minä en valehtele!" Minä myös rukoilin seuraavanlaisesti: "Jumala, auta minua heittämään pois vahingossa sanomani valheet!" Ei ollut kyse siitä, että minä olisin pettänyt ihmisiä ilkein sydämin, mutta siitä huolimatta minä rukoilin että minä voisin lopettaa jopa tahattoman valehtelun.

Monet ihmiset valehtelevat huomaamattaan. Oletko sinä koskaan pyytänyt lastasi, työtoveriasi tai ystävääsi sanomaan "Sano hänelle että minä en ole täällä", kun joku, jonka kanssa sinä et halua puhua, on soittanut sinulle? Monet ihmiset valehtelevat

Dr. Jaerock Lee, tekijä

"tehdäkseen palveluksen" jollekin toiselle. Tämänkaltaiset ihmiset valehtelevat kun heiltä esimerkiksi kysytään haluaisivatko he jotakin syötävää tai juotavaa heidän ollessa kylässä. Vaikka he eivät olisikaan syöneet tai juoneet, nämä ihmiset eivät halua olla vaivaksi ja siksi he usein sanovat isännälleen: "Ei kiitos. Minä söin (join) jotakin ennenkuin tulin tänne". Sen jälkeen kun minä opin että jopa hyvin aikein sanotut valheet on silti valehtelua, minä rukoilin jatkuvasti voidakseni heittää valehtelun pois, ja lopulta minä pystyin heittämään pois luotani jopa tahattomat valheet.

Minä tein lisäksi listan kaikesta pahasta ja syntisestä jonka minun oli heitettävä pois ja minä rukoilin. Minä yliviivasin kohdan yli punaisella kynällä vasta sitten kun minä olin täysin varma siitä että minä olin varmasti heittänyt yhden pahan tai syntisen tavan toisensa jälkeen pois. Minä turvauduin välittömästi paastoon jos minä kohtasin jotakin pahaa ja syntistä jonka poisheittäminen oli vaikeaa jopa rukoilemisenkin jälkeen. Jos kolmen päivän paasto ei auttanut, minä pitkitin sen viisipäiväiseksi. Jos minä vieläkin tein samaa syntiä minä aloitin seitsemänpäiväisen paaston. Minun ei kuitenkaan tarvinnut paastota viikkoa kauemmin montaakaan kertaa. Minä pystyin heittämään pois suurimman osan pahasta ja synnistä kolmen paastopäivän jälkeen. Mitä enemmän pahaa minä heitin pois toistamalla tämän prosessin, sitä puhtaammaksi astiaksi minä muutuin.

Kolme vuotta sen jälkeen kun minä olin kohdannut Herran minä olin heittänyt pois kaiken Jumalan sanan vastaisen ja minua saatettiin lopulta pitää puhtaana astiana Hänen silmissään. Tämän lisäksi minä pidin tunnollisesti ja velvollisuudenomaisesti kaikki käskyt, mukaanlukien kaikki "Tee" ja "Älä tee" – käskyt, ja tämän tähden minä saatoin alkaa elämään Hänen sanansa mukaan hyvin lyhyen ajan sisällä. Muuttuessani puhtaaksi astiaksi Jumala siunasi minua runsaasti. Minun perheeni sai terveyden siunauksen. Minä saatoin maksaa pois kaikki velkani ajallaan. Minä sain sekä fyysisiä että hengellisiä siunauksia. Raamattu vakuuttaa meille: *"Rakkaani, jos sydämemme ei syytä meitä, niin meillä on uskallus Jumalaan, ja mitä ikinä anomme, sen me häneltä saamme, koska pidämme hänen käskynsä ja teemme sitä, mikä on hänelle otollista"* (1. Joh. 3:21-22).

Toiseksi, voidaksesi tulla jalokiveäkin kauniimmaksi astiaksi sinun tulee olla "tulen jalostama" ja sytyttää hengellinen kirkkaus.

Kalliit sormuksissa ja riipuksissa olevat jalokivet ovat joskus olleet epäpuhtaita. Niitä kuitenkin hiottiin jalokivihiojien käsissä ja ne alkoivat loistaa kauniissa väreissä ja eri muodoissa.

Nämä taidokkaat jalokivisepät leikkaavat, hiovat ja jalostavat tulen avulla näitä kiviä ja antavat niille kauniita muotoja ja säihkettä. Samalla tavalla Jumala kurittaa lapsiaan. Jumala ei kurita heitä syntiensä tähden vaan sen tähden, että Hän voisi siunata heitä sekä fyysisesti että hengellisesti tämän kurituksen kautta. Voi olla, että niiden Hänen lapsiensa mielestä jotka eivät ole tehneet syntiä tai tehneet mitään väärää Hänen kurituksensa tuntuu siltä kuin heidän olisi siedettävä piinaa tai kestettävä koettelemuksia. Tämä on prosessi, jonka kautta Jumala kouluttaa ja kurittaa Hänen lapsiaan jotta he voisivat sytyttää vieläkin kauniimpia värejä ja säihkeitä. 1. Piet. 2:19 muistuttaa meitä: *"Sillä se on armoa, että joku omantunnon tähden 2Jumalan edessä kestää vaivoja, syyttömästi kärsien".* Meille myös sanotaan, että: *"että teidän uskonne kestäväisyys koetuksissa havaittaisiin paljoa kallisarvoisemmaksi kuin katoava kulta, joka kuitenkin tulessa koetellaan, ja koituisi kiitokseksi, ylistykseksi ja kunniaksi Jeesuksen Kristuksen ilmestyessä"* (1. Pietari 1:7).

Vaikka Jumalan lapset olisivatkin jo heittäneet pois kaikenlaisen pahan ja tulleet pyhittyneiksi astioiksi, Jumala saattaa kuitenkin valitsemanaan ajankohtana sallia heidän tulla kuritetuiksi ja koetelluiksi jotta heistä tulisi jalokiviäkin kauniimpia astioita. *"Jumala on valo, eikä Hänessä ole lainkaan pimeyttä".* Koska Jumala on itse kirkkaus, virheetön ja tahraton, Hän johdattaa lapsensa samalle valon tasolle.

Joten kun sinä selviät Jumalan asettamista koettelemuksista hyvyydellä ja rakkaudella sinusta tulee yhä loistavampi ja kauniimpi astia. Hengellisen vallan ja voiman taso vaihtelee hengellisen valon kirkkauden mukaisesti. Tämän lisäksi paholais-vihollisella ja Saatanalla ei ole paikkaa jossa seistä hengellisen valon loistaessa.

Markus 9 kuvaa kohtauksen jossa Jeesus ajoi pahan hengen pojasta jonka isä rukoili Jeesusta parantamaan poikansa. Jeesus torui pahaa henkeä. *"Sinä mykkä ja kuuro henki, minä käsken sinua: lähde ulos hänestä, äläkä enää häneen mene"* (jae 25). Pahan henki lähti pojasta joka parani. Ennen tätä kohtausta isä toi poikansa Jeesuksen opetuslasten luokse jotka eivät kuitenkaan voineet ajaa pahaa henkeä ulos. Tämä johtui siitä että opetuslasten hengellisen tason valo oli eri kuin Jeesuksen hengellisen valon taso.

Mitä meidän on sitten tehtävä voidaksemme saavuttaa Jeesuksen hengellisen valon taso? Me voimme olla voitokkaita kaikissa koettelemuksissa uskomalla vakaasti Jumalaan, voittamalla pahan hyvyydellä ja jopa rakastamalla vihollistamme. Kun sinun hyvyyttäsi, rakkauttasi ja oikeudenmukaisuuttasi pidetään aitoina, sinä voit ajaa ulos pahoja henkiä ja parantaa kaikkia sairauksia ja heikkouksia aivan kuten Jeesuskin.

Siunaukset jalokiviäkin kauniimmille astioille

Kulkiessani uskon tiellä vuosien ajan minä olen myöskin

kärsinyt lukemattomia koettelemuksia. Muutama vuosi sitten minä esimerkiksi kärsin erään televisio-ohjelman syytösten takia koettelemuksesta, joka oli yhtä kivulias ja piinallinen kuin kuolema. Tämän seurauksena ihmiset jotka olivat vastaanottaneet armon minun kauttani pettivät minut yhdessä monien muiden ihmisten kanssa jotka olivat olleet minulle kuin perheenjäseniä.

Minä kärsin väärinymmärryksistä ja syytöksistä maailmallisten ihmisten osalta ja useat Manminin jäsenet kärsivät ja joutuivat vainotuiksi väärin perustein. Tästä huolimatta Manminin jäsenet ja minä päihitimme tämän koettelemuksen hyvyydellä, ja – koska me kannamme kaiken Jumalan eteen – me rukoilimme armon Jumalaa jotta Hän rakastaisi ja armahtaisi heitä.

Minä en myöskään vihannut tai hyljännyt niitä jotka jättivät kirkon ja tekivät olot tukalaksi seurakunnalle. Tämän kivuliaan koettelemuksen keskellä minä uskoin uskollisesti että minun Isä Jumalani rakasti minua. Tämän tähden minä saatoin kohdata rakkaudella ja hyvyydellä nekin jotka olivat tehneet pahaa.Kun minun uskoni, hyvyyteni, rakkauteni ja vanhurskauteni saivat tunnustusta Jumalalta, Hän siunasi minua tekemään ja näyttämään Hänen voimallisia tekojaan yhä voimallisemmin. Minä olin kuin oppilas, joka saa tunnustusta kovasta työstään kokeen kautta.

Koettelemuksen jälkeen Hän avasi oven jonka kautta minä

olin tuleva suorittamaan maailmanlaajuista missiota. Jumala teki työtä niin, että kymmenet tuhannet, sadat tuhannet ja jopa miljoonat ihmiset ottivat osaa johtamiini ulkomaisiin ristiretkiin, ja Hän ollut kanssani Hänen voimansa kanssa joka ylittää ajan ja paikan.

Hengellinen valo jolla Jumala ympäröi meidät on valoisampi ja kauniimpi kuin mikään tämän maailman jalokiven loiste. Jumala pitää niitä Hänen lapsiaan jotka Hän ympäröi hengellisellä valolla jalokiviäkin kauniimpina astioina.

Joten minä rukoilen Herramme Jeesuksen Kristuksen nimessä, että jokainen teistä tulisi nopeasti pyhittyneeksi, ja että jokaisesta teistä tulisi astia joka sytyttää koettelemusten karkaiseman hengellisen valon jotta te voisitte saada mitä ikinä te pyydättekin ja jotta te eläisitte siunatun elämän!

Sanoma 4

Kirkkaus

- Hengellinen valo
- Kulje kirkkaudessa Jumalan kohtaamiseksi
- Yhteys Jumalan kanssa kun sinä kuljet kirkkaudessa
- Uskon isät joilla oli todellinen yhteys Jumalaan
- Kirkkaudessa kulkevien ihmisten siunaukset
- Elänkö minä kirkkaudessa?

1. Joh. 1:5

*Ja tämä on se sanoma, jonka olemme häneltä kuulleet ja
jonka me teille julistamme: että Jumala on valkeus ja
ettei hänessä ole mitään pimeyttä.*

On olemassa monenlaisia valkeuksia ja jokaisella niistä on omat ihmeelliset piirteensä. Kirkkaus valaisee pimeyden, tuottaa lämpöä ja tappaa vahingollisia bakteereita ja homeita. Valon avulla kasvit ylläpitävät elämää fotosynteesin avulla.

On kuitenkin fyysistä valoa jonka me saatamme aistia silmiemme ja tuntoaistimme avulla, sekä hengellistä valoa jota me emme voi nähdä tai tuntea. Fyysisellä valolla on useita ominaisuuksia, ja niin myös hengellisellä valolla on lukemattomia piirteitä. Kun valo loistaa yöllä, pimeys katoaa välittömästi.

Samalla tavalla hengellinen pimeys katoaa pikaisesti kun hengellinen valo loistaa elämässämme meidän kulkiessa Jumalan rakkaudessa ja armossa. Hengellinen pimeys on sairauksien ja kaikkien perhepiirin, työn ja ihmissuhteiden ongelmien juuri, ja on sen syytä että me emme pysty löytämään todellista hyvää oloa. Kun hengellinen valo kuitenkin loistaa elämässämme, kaikki ihmisten tietojen ja taitojen ulottumattomissa olevat ongelmat tulevat ratkaistuksi ja kaikki meidän tarpeemme tulevat täytetyiksi.

Hengellinen valo

Mitä on hengellinen valo ja kuinka se toimii? 1. Joh. 1:5:n jälkimmäinen osa kuuluu seuraavanlaisesti: *"Jumala on valkeus ja ettei hänessä ole mitään pimeyttä"*, ja Joh. 1:1 taas sanoo: *"Sana oli Jumala"*. Eli "valo", "kirkkaus" tai "valkeus" ei viittaa ainoastaan itse Jumalaan, vaan myös Hänen sanaansa joka on totuus, hyvyys ja rakkaus. Ennen luomakunnan alkua maailmankaikkeuden avaruudessa ainoastaan Jumala oli yksin olemassa, eikä Hänellä ollut mitään muotoa. Kirkkauden ja sointuvan äänen yhdistelmänä Jumala hautoi maailmankaikkeutta. Tämä ihmeellinen, loistava ja kaunis ääni kiiri läpi koko maailmankaikkeuden, ja tästä valosta kaikui kirkas, puhdas ja soinnukas ääni.

Valon ja äänen muodossa ollut Jumala suunnitteli ihmiskunnan kasvatuksen korjatakseen uskollisten lasten sadon. Sitten hän antoi itselleen muodon, jakoi itsensä Kolminaisuuteen ja loi ihmiskunnan omaksi kuvakseen. Kirkkaus ja ääni ovat kuitenkin pysyneet Jumalan ydinpiirteinä, ja Hän työskentelee yhä valon ja äänen kautta. Vaikka Hän onkin ihmisen muodossa, tuossa muodossa ovat Hänen äärettömän valtansa kirkkaus ja ääni.

Hengelliseen valoon kuuluu Jumalan voiman lisäksi muita totuuden elementtejä, kuten totuus, rakkaus ja hyvyys. Raamatun 66 kirjaa ovat kokoelma ääneen lausuttuja hengellisen valon totuuksia. Toisin sanoen, "valo" viittaa tässä kaikkiin Raamatussa oleviin käskyihin ja jakeisiin jotka viittaavat hyvyyteen, vanhurskauteen ja rakkauteen, mukaanlukien "rakasta lähimmäistäsi", "rukoile lakkaamatta", "pyhitä lepopäivä", "noudata kymmentä käskyä" ja niin edelleen.

Kulje kirkkaudessa Jumalan kohtaamiseksi

Jumala hallitsee valon maailmaa, kun taas paholais-vihollinen ja Saatana hallitsevat pimeyden maailmaa. Paholais-vihollinen ja Saatana vastustavat Jumalaa, ja siten pimeyden maailmassa elävät ihmiset eivät voi kohdata Jumalaa. Joten voidaksesi kohdata Jumalan, voidaksesi saada elämässäsi olevat erilaiset ongelmat ratkaistuksi ja saadaksesi vastauksia rukouksiisi sinun täytyy tulla pikaisesti pois pimeyden maailmasta ja astua kirkkauden maailmaan.

Raamatusta löytyy useita "Tee näin"-käskyjä. Näihin lukeutuvat "Rakasta lähimmäistäsi" "Palvelkaa toisianne", "Rukoile", "Ole kiitollinen" ja muut vastaavat. Raamatussa on myös useita "Pidä"-käskyjä, kuten esimerkiksi "Pidä lepopäivä", "Pidä kymmenen käskyä", "Pidä Jumalan käskyt", ja niin edelleen. Sieltä löytyy myös useita "Älä"-käskyjä, kuten esimerkiksi "Älä valehtele", "Älä vihaa", "Älä etsi omaa hyötyä" "Älä palvo vääriä jumalia", "Älä varasta", "Älä ole kateellinen", "Älä juoruile" ja niin edelleen. Raamattu käskee myös "Heittämään pois". Näihin lukeutuvat sellaiset käskyt kuin "Heitä pois kaikenlainen paha", "Heitä pois kateus ja mustasukkaisuus", "Heitä pois ahneus", ja niin edelleen.

Näiden Jumalan käskyjen noudattaminen on valossa ja kirkkaudessa elämistä, meidän Herramme kaltaisena ja Isä Jumalamme kaltaisena olemista. Jos sinä et kuitenkaan tee niinkuin Jumala sinua käskee, jos sinä et pidä mitä Hän käskee sinua pitämään, jos sinä teet mitä Hän on kieltänyt sinua tekemästä ja jos sinä et heitä pois mitä Hän on käskenyt sinua heittämään pois, niin sinä tulet jatkamaan pimeydessä olemista. Tämän tähden meidän tulee aina elää Hänen sanansa mukaan ja kulkea kirkkaudessa, muistaen että jos me emme tottele Jumalan sanaa me elämme paholais-vihollisen ja Saatanan hallitsemassa pimeyden maailmassa.

Yhteys Jumalan kanssa kun sinä kuljet kirkkaudessa

1. Joh. 1:7:n alkuosa kuuluu seuraavasti: *"Mutta jos me valkeudessa vaellamme, niinkuin hän on valkeudessa, niin meillä on yhteys keskenämme"*. Me voimme sanoa olevamme yhteydessä Jumalaan vasta sitten kun me kuljemme ja asustamme kirkkaudessa.

Samalla tavalla kuin isän ja hänen lastensa välillä on yhteys myös meillä täytyy olla yhteys Jumalaan, meidän henkemme Isään. Voidaksemme kuitenkin muodostaa ja ylläpitää yhteytemme Hänen kanssaan meidän tulee täyttää yksi pääsyvaatimus: meidän täytyy heittää syntimme pois kulkemalla valossa. Tämä tähden: *"Jos sanomme, että meillä on yhteys hänen kanssaan, mutta vaellamme pimeydessä, niin me valhettelemme emmekä tee totuutta"* (1. Joh. 1:6).

"Yhteys" ei ole yksipuolista. Sinulla ei ole välttämättä yhteyttä henkilön kanssa ainoastaan sen tähden että sinä tunnet tämän. Vasta sitten osapuolten välillä on "yhteys" kun he tuntevat ja luottavat toisiinsa ja keskustelevat keskenään.

Useimmat teistä tuntevat esimerkiksi teidän maanne presidentin tai kuninkaan. Tunnette te sitten presidentin kuinka hyvin tahansa teillä ei kuitenkaan ole "yhteyttä" keskenänne, sillä hän ei tunne teitä. Yhteyksissä on myös eri tasoja. Te kaksi voitte olla esimerkiksi tuttavia keskenänne, tai sitten te voitte olla hieman läheisempiä niin että kyselette toistenne vointia aina silloin tällöin, tai kenties teillä on erittäin läheinen suhde niin että te kerrotte toisillenne jopa kaikista syvimmät salaisuutenne.

Sama koskee yhteyttä Jumalan kanssa. Jumalan täytyy olla tietoisia meistä jotta meidän suhteemme Hänen kanssaan voisi olla todellinen yhteys. Me emme ole sairaita tai heikkoja, eikä ole mitään mihin me emme saisi rukousvastauksia jos meillä on todellinen yhteys Jumalan kanssa. Jumala tahtoo antaa lapsilleen ainoastaan parasta, ja Hän sanoo meille 5. Moos. 28:ssa, että jos me tottelemme Jumalaamme ja noudatamme Hänen käskyjään meitä siunataan tullessamme ja mennessämme, me lainaamme muille mutta emme lainaa muilta ja me tulemme olemaan ensimmäinen mutta emme viimeinen.

Uskon isät joilla oli todellinen yhteys Jumalaan

Minkälaisen yhteyden Daavid, jota Jumala kutsui *"Sydämeni mukaiseksi mieheksi"* (Ap. t. 13:22) omasi Hänen kanssaan? Daavid rakasti ja pelkäsi Jumalaa ja oli Hänestä täysin riippuvainen. Kun Daavid pakeni Saulia tai oli matkalla taisteluun hän aina kysyi kuin lapsi vanhemmaltaan mitä hänen tuli tehdä, "Pitäisikö minun mennä? Minne minun pitäisi mennä?", ja Daavid teki aina niinkuin Jumala oli häntä käskenyt. Jumala antoi Daavidille aina lempeitä ja yksityiskohtaisia vastauksia, ja Daavid saattoi saavuttaa voiton toisensa jälkeen sillä hän aina seurasi Jumalan ohjeita (2. Samuel 5:19-25).

Daavid saattoi nauttia kauniista suhteesta Jumalan kanssa, sillä hän miellytti Jumalaa uskollaan. Kuningas Saulin hallituskauden alussa Filistealaiset valtasivat Israelin. Filistealaisten johtajana oli Goljat, joka pilkkasi Israelin joukkoja ja häpäisi ja pilkkasi Jumalan nimeä. Kukaan Israelin leiristä ei kuitenkaan uskaltanut taistella Goljatin kanssa. Tuolloin Daavid kävi nuoresta iästään huolimatta Goljatia vastaan. Hän ei kantanut mitään muuta aseistusta kuin viisi virrasta löytämäänsä sileää kiveä, sillä hän uskoi Israelin kaikkivaltiaaseen Jumalaan ja siihen, että taistelu kuului Jumalalle (1. Samuel 17). Jumala toimi niin että Daavidin kivi iski Goljatia otsaan. Goljatin kuoltua taistelu kulku kääntyi ja Israel saavutti täydellisen murskavoiton. Vakaan uskonsa tähden Jumala piti Daavidia Hänen *"sydämensä mukaisena miehenä"*. Daavid saattoi saavuttaa mitä tahansa Jumala rinnallaan, kuin läheinen isä ja poika jotka keskustelivat keskenään kaikista asioista.

Raamattu kertoo meille myös että Jumala puhui Mooseksen kanssa kasvotusten. Kun Mooses esimerkiksi pyysi Jumalaa näyttämään Hänen kasvonsa Hän oli halukas täyttämään Mooseksen pyynnön (Exodus 33:18). Kuinka Mooses saattoi omata tällaisen läheisen ja intiimin suhteen Jumalaan?

Johdettuaan israelilaiset ulos Egyptistä Mooses paastosi ja kommunikoi Jumalan kanssa 40 päivän ajan Siinai-vuoren huipulla. Kun Mooseksen paluu viipyi, israelilaiset loivat jumalankuvan jota palvoa. Tämän nähtyään Jumala sanoi Moosekselle, että Hän tuhoaisi israelilaiset ja tekisi sitten Mooseksesta suuren kansakunnan (Exodus 32:10).

Tällöin Mooses anoi Jumalaa: *"Käänny vihasi hehkusta ja kadu sitä turmiota, jonka aiot tuottaa kansallesi"* (Exodus 32:12). Seuraavana päivänä hän rukoili Jumalaa uudelleen: *"Voi, tämä kansa on tehnyt suuren synnin! He ovat tehneet itselleen jumalan kullasta. Jospa nyt antaisit heidän rikoksensa anteeksi! Mutta jos et, niin pyyhi minut kirjastasi, johon kirjoitat"* (Exodus 32:31-32). Kuinka ihmeellisiä ja vilpittömiä rakkauden rukouksia nämä ovatkaan! 4. Moos. 12:3 sanoo lisäksi, että *"Mooses oli sangen nöyrä mies, nöyrempi kuin kukaan muu ihminen maan päällä".* 4. Moos. 12:7 sanoo: *"Niin ei ole minun palvelijani Mooses, hän on uskollinen koko minun talossani".* Suuressa rakkaudessaan ja nöyrän sydämensä avulla Mooses saattoi olla uskollinen koko Hänen talossaan ja nauttia läheisestä suhteesta Jumalaan.

Kirkkaudessa kulkevien ihmisten siunaukset

Maailmaan maailman kirkkaudeksi saapunut Jeesus opetti ainoastaan totuutta ja taivaan evankeliumia. Paholais-viholliselle kuuluneet ja pimeyden maailmassa eläneet ihmiset eivät kuitenkaan kyenneet ymmärtämään kirkkautta kun he heille siitä kerrottiin. Pimeyden maailman ihmiset eivät vastustuksensa tähden pystyneet hyväksymään kirkkautta tai ottamaan vastaan pelastusta, ja niin he kulkivat sen sijaan tuhon tielle.

Hyvän sydämen omaavat ihmiset ymmärtävät syntinsä, katuvat niitä ja saavat pelastuksen totuuden valon kautta. Seuraamalla Pyhän Hengen tahtoa he myös synnyttävät hengen päivittäin ja kulkevat valossa. Viisauden tai kykyjen puute ei ole heille enää ongelma. He muodostavat yhteyden Jumalan kanssa joka on itse kirkkaus, ja he saavat kuulla Pyhän Hengen äänen ja kokea sen ohjauksen. Tällöin he menestyvät kaikessa ja he saavat osakseen viisautta taivaasta. Vaikka heillä olisikin ongelmia jotka kietoutuvat heidän ympärilleen hämähäkin verkon tavoin, mikään ei voi estää näitä ihmisiä ratkaisemasta ongelmiaan, eivätkä mitkään esteet voi hidastaa heitä, sillä Pyhä Henki ohjastaa heitä henkilökohtaisesti joka askeleella.

1. Korinttolaiskirje 3:18 kehottaa meitä seuraavasti: *"Älköön kukaan pettäkö itseään. Jos joku teidän joukossanne luulee olevansa viisas tässä maailmassa, tulkoon hän tyhmäksi, että hänestä tulisi viisas"*. Meidän tulee ymmärtää, että maailmallinen viisaus on hölmöyttä Jumalan edessä.

Lisäksi Jaak. 3:17 sanoo: *"Mutta ylhäältä tuleva viisaus on ensiksikin puhdas, sitten rauhaisa, lempeä, taipuisa, täynnä laupeutta ja hyviä hedelmiä, se ei epäile, ei teeskentele"*. Taivaan viisaus laskeutuu päällemme kun me saavutamme pyhittymisen ja kuljemme kirkkaudessa. Kulkiessamme valossa me lisäksi saavutamme tason, jossa me olemme onnellisia vaikka meillä olisikin puutteita, ja me tällöin meistä ei tunnu että meiltä puuttuisi mitään.

Apostoli Paavali tunnusti Filippiläiskirjeessä 4:11 seuraavasti: *"Ei niin, että minä puutteen vuoksi tätä sanon; sillä minä olen oppinut oloihini tyytymään"*. Samalla tavalla me saavutamme Jumalan rauhan jos me kuljemme valossa, ja tällöin rauha ja ilo tulevat pulppuamaan ja virtaamaan meistä. Ihmiset jotka tekevät rauhan muiden kanssa eivät riitele tai ole vihamielisiä perhettään kohtaan. Sen sijaan rauha ja armo virtaavat heidän sydämissään, eivätkä kiitollisuuden tunnustukset kuihdu heidän huuliltaan.

Jos me kuljemme kirkkaudessa ja olemme mahdollisimman paljon Jumalan kaltaisia me saamme osaksemme sekä vaurautta että valtaa, kykenevyyttä sekä voimaa Jumalalta, joka on itse kirkkaus. Hän sanoo meille 2. Joh 1:2:ssa näin: *"Rakkaani, minä toivotan sinulle, että kaikessa menestyt ja pysyt terveenä, niinkuin sielusikin menestyy"*.

Sen jälkeen kun Paavali kohtasi Herran ja alkoi kulkemaan kirkkaudessa Jumala antoi hänelle vallan näyttää uskomattomia voimia pakanoiden apostolina. Jumala työskenteli myös voimallisesti Stefanuksen ja Filipin kautta vaikka nämä eivät olleetkaan profeettoja tai Jeesuksen opetuslapsia. Apostolin teot 6:8 kertoo, että: *"Stefanus, täynnä armoa ja voimaa, teki suuria ihmeitä ja tunnustekoja kansassa"*. Ap. t. 8:6-7 sanoo myös, että: *"Ja kansa otti yksimielisesti vaarin siitä, mitä Filippus puhui, kun he kuulivat hänen sanansa ja näkivät ne tunnusteot, jotka hän teki. Sillä monista, joissa oli saastaisia henkiä, ne lähtivät pois huutaen suurella äänellä; ja moni halvattu ja rampa parani"*.

Mitä pyhittyneemmäksi henkilö tulee ja mitä enemmän hän on Herran kaltainen, sitä enemmän hän pystyy tekemään Jumalan voimallisia tekoja. On ollut vain muutamia henkilöitä jotka ovat pystyneet tekemään Jumalan voimallisia tekoja. Jopa niiden ihmisten joukossa jotka pystyvät näyttämään Hänen voimaansa, näiden esitettyjen voimien voimallisuus vaihtelee henkilöstä toiseen sen mukaan kuin paljon nämä henkilöt muistuttavat Jumalaa, joka on itse kirkkaus.

Elänkö minä kirkkaudessa?

Voidaksemme saada osamme niistä uskomattomista siunauksista jotka annetaan kirkkaudessa kulkeville ihmisille meidän kaikkien on ensin tutkittava itseämme ja kysyttävä itseltämme "Elänkö minä kirkkaudessa?"

Vaikka sinulla ei olisikaan erityisiä ongelmia, sinun olisi tutkisteltava itseäsi nähdäksesi oletko sinä elänyt "haalean" uskon Kristuksessa tai oletko sinä jättänyt kuulematta Pyhää Henkeä ja jättäytynyt sen ohjauksen ulkopuolella. Jos näin on, sinun täytyy herätä hengellisestä unestasi.

Sinun ei pidä tyytyä siihen että sinä olet heittänyt pois pahuutta tietyn määrän. Sinun täytyy saavuttaa isien usko niinkuin laspenkin täytyy kypsyä aikuiseksi. Sinun tulisi omata syvä yhteys ja läheinen suhde Jumalaan.

Sinun täytyy löytää pienimmätkin hituset pahaa ja repiä ne irti jos sinä olet matkalla kohti pyhitystä. Sinun täytyy aina palvella muita ja ajatella aina muiden etua ensin, varsinkin silloin mitä enemmän valtaa sinulla on ja mitä enemmän lampaita sinulla on. Kun toiset, myös sinua vähemmän uskoa omaavat, osoittavat sinulle sinun virheesi, sinun tulee pystyä ottamaan niistä oppia. Sen sijaan että sinä suhtautuisit kielteisesti ja tuntisit olosi epämukavaksi sellaisten ihmisten kanssa jotka harhautuvat oikealta polulta ja tekevät pahaa, sinun tulee pystyä sietämään ja liikuttamaan heitä rakkaudella ja lempeydellä. Sinä et saa halveksua tai pitää ketään vähäpätöisenä. Sinä et saa myöskään olla välinpitämätön ketään kohtaan vanhurskaudessasi tai tuhota seurakunnan rauhaa.

Minä olen näyttänyt ja antanut enemmän rakkautta nuorille, köyhille ja heikoille ihmisille. Kuin vanhemmat jotka huolehtivat heikoista tai sairaista lapsistaan enemmän kuin terveistä, minä olen rukoillut enemmän sellaisten ihmisten puolesta jotka ovat tällaisissa tilanteissa, enkä minä ole koskaan ollut välinpitämätön heitä kohtaan. Olen aina yrittänyt palvella heitä koko sydämelläni. Kirkkaudessa kulkevien on tunnettava myötätuntoa jopa niitä kohtaan jotka ovat tehneet suuria vääryyksiä, ja syyttelemisen sijaan heidän on pystyttävä antamaan heille anteeksi ja unohtamaan heidän vikansa.

Tehdessäsi Jumalan työtä sinun ei tule koskaan nostaa esiin itseäsi, meriittejäsi tai ansioitasi, vaan tunnustaa kanssasi työskennelleiden ihmisten ansiot. Sinun tulisi olla iloisempi ja onnellisempi kun heidän vaivannäkönsä tunnustetaan ja palkitaan.

Voitko sinä edes kuvitella kuinka paljon Jumala rakastaa niitä Hänen lapsiaan joiden sydämet ovat Herran sydämen kaltaisia? Jumala tulee kulkemaan niiden Hänen lapsiensa kanssa jotka ovat Hänen kaltaisiaan samalla tavalla kuin Hän kulki Eenokin kanssa 300 vuoden ajan. Jumala ei anna näille ihmisille ainoastaan terveyden siunausta ja anna heidän menestyä kaikissa toimissaan, vaan Hän antaa heille myös voiman jonka kautta Hän käyttää heitä kallisarvoisina astioina.

Joten minä rukoilen Herran Jeesuksen Kristuksen nimessä, että sinä tutkiskelisit uudelleen kuinka suuren osan uskostasi ja rakkaudestasi Hän hyväksyy, ja että sinä kulkisit kirkkaudessa niin että sinun elämäsi olisi ylitsevuotavainen kaikista Herran rakkauden todisteista, ja että sinä omaisit syvän yhteyden Häneen!

Kirkkauden voima

- Apostoli Paavali teki niin voimallisia tekoja että
  Häntä pidettiin "Jumalana"
- Jumalan, joka on kirkkaus, voima
- Jumalan vallan, kyvyn ja voiman erot
- Ero vallan ja parantamisen lahjan välillä
- Jumalan, itse kirkkauden, voiman neljä tasoa
- Luomisen korkein voima
- Jumalan, itse kirkkauden, voiman saaminen

1. Joh. 1:5

Ja tämä on se sanoma, jonka olemme häneltä kuulleet ja jonka me teille julistamme: että Jumala on valkeus ja ettei hänessä ole mitään pimeyttä.

Raamatussa on useita kohtauksia joissa lukemattomat ihmiset saavat osakseen pelastuksen, parantumisia ja rukousvastauksia Jumalan pojan, Jeesuksen Kristuksen, tekojen kautta esittäytyvien Jumalan ihmeellisten voimien tähden. Jeesuksen käskettyä kaikenlaiset sairaudet parantuivat välittömästi ja heikkoudet voimistuivat ja parantuivat.

Sokeat saivat näkönsä takaisin, mykät puhuivat ja kuurot kuulivat. Mies, jonka käsi oli surkastunut, parantui, rammat alkoivat taas kävellä ja halvaantuneet paranivat. Lisäksi pahoja henkiä ajettiin ulos ja kuolleet virkosivat.

Jeesuksen lisäksi myös monet Vanhan testamentin profeetat ja Uuden testamentin apostolit toivat esiin Jumalan ihmeellisiä tekoja. Jeesuksen tekemät Jumalan voiman työt eivät olleet tietenkään samalla tasolla kuin profeettojen ja apostolien teot. Tästä huolimatta Jumala antoi Häntä ja Jeesusta muistuttaville ihmisille voiman tehdän Hänen tekojaan, ja Hän käyttää heitä Hänen astioinaan. Jumala, joka on itse kirkkaus, näytti voimansa Stefanuksen ja Filippuksen kaltaisten diakonien kautta, sillä he saavuttivat pyhittymisen kulkemalla kirkkaudessa ja olemalla Herran kaltainen.

Apostoli Paavali teki niin voimallisia tekoja että Häntä pidettiin "Jumalana"

Kaikista Uuden testamentin henkilöistä apostoli Paavali näytti niin ihmeellisiä Jumalan voimien tekoja että hän jäi toiseksi vain Jeesukselle. Hän saarnasi evankeliumia pakanoille jotka eivät tunteneet Jumalaa, ja hän teki tämän voimallisilla, merkkien ja ihmeiden säestämillä sanomilla. Tämänkaltaisen voiman avulla Paavali saattoi todistaa oikeasta Jumalasta ja Jeesuksesta Kristuksesta.

Epäjumalanpalvonnan ja noituuden yleisyydestä me voimme päätellä että tuohon aikaan pakanoiden joukossa on täytynyt olla ihmisiä jotka johtivat toisia harhaan. Jotta tämänkaltaisille ihmisille voitaisiin saarnata evankeliumia tarvittiin sellaisia Jumalan voiman tekoja jotka ylittivät voimallisuudessaan loitsunnan ja pahojen henkien tekojen voimallisuuden (Room. 15:18-19).

Ap. t. 14:8 alkaen Raamattu kertoo kuinka apostoli Paavali saarnasi evankeliumia Lystra-nimisellä alueella. Paavali käski koko elämänsä halvaantuneen ollutta miestä ja sanoi tälle: *"Nouse jaloillesi!"* Mies nousi ja alkoi kävellä (Ap. t. 14:10). Ihmisten nähdessä tämän he tunnustivat seuraavanlaisesti: *"Jumalat ovat ihmishahmossa astuneet alas meidän luoksemme"* (Ap. t. 14:11). Luku 28 kertoo kuinka apostoli Paavali saapui Maltaan haaksirikon jälkeen. Hänen sytytettyä nuotion keräämistään polttopuista kuumuuden liikkeelle ajama myrkkykäärme pureutui hänen käteensä. Kun ihmiset näkivät mitä tapahtui he odottivat Paavalin käden turpoavan tai hänen kaatuvan kuolleena maahan. Mitään ei kuitenkaan tapahtunut Paavalille, ja ihmiset sanoivat hänen olevan Jumala (jae 6). Apostoli Paavali omasi sydämen joka oli Jumalan silmissä hyvä, ja tämän tähden hän saattoi tehdä Hänen voimansa tekoja jopa niin voimallisesti, että ihmiset pitivät häntä "jumalana".

Jumalan, joka on kirkkaus, voima

Voimaa ei anneta kenellekään sen tähden että hän haluaa sen, vaan se annetaan vain sellaisille ihmisille jotka ovat Jumalan kaltaisia ja jotka ovat saavuttaneet pyhittymisen. Jopa tänäkin päivänä Jumala etsii ihmisiä joille Hän voi antaa voimansa ja joita Hän voi käyttää astioinaan. Tämän tähden Markus 16:20 muistuttaa meitä näin: *"Mutta he lähtivät ja saarnasivat kaikkialla, ja Herra vaikutti heidän kanssansa ja vahvisti sanan sitä seuraavien merkkien kautta"*. Jeesus sanoi lisäksi jakeessa Joh. 4:48 seuraavasti: *"Ellette näe merkkejä ja ihmeitä, te ette usko"*.

Lukemattomien ihmisten johdattaminen taivaaseen vaatii taivaallista voimaa joka voi näyttäytyä elävästä Jumalasta todistavissa merkeissä ja ihmeissä. Nämä merkit ja ihmeet ovat yhä tärkeämpiä aikana, jolloin synti ja pahuus suorastaan kukoistavat.

Me voimme näyttää yhtä voimallisia tekoja kuin Jeesuskin kun me kuljemme valossa ja tulemme hengessä yhdeksi Isä Jumalan kanssa. Tämä johtuu siitä, että Herra on luvannut meille näin: *"Totisesti, totisesti minä sanon teille: joka uskoo minuun, myös hän on tekevä niitä tekoja, joita minä teen, ja suurempiakin, kuin ne ovat, hän on tekevä; sillä minä menen Isän tykö"* (Joh. 14:12).

Jos henkilö tekee sellaisia hengellisen voiman tekoja jotka voivat olla lähtöisin vain Jumalasta, niin silloin tämän henkilön henkilön pitäisi tulla tunnustetuksi kuuluvan Jumalalle. Psalmi 62:11 muistuttaa meitä: *"Kerran on Jumala sanonut, kahdesti olen sen kuullut: väkevyys on Jumalan"*. Paholais-vihollinen ja Saatana eivät omaa samanlaisia voimia kuin Jumala. Koska ne ovat hengellisiä olentoja ne kuitenkin omaavat ihmisten voimia suurempia voimia voidakseen harhauttaa heitä ja pakottaa heitä vastustamaan Jumalaa. Yksi asia on kuitenkin varmaa: mikään muu olento ei voi matkia Jumalan voimaa, jolla Hän hallitsee elämää, kuolemaa, siunauksia, kirouksia ja ihmiskunnan historiaa, ja jolla Hän luo asioita tyhjästä. Tämä voima kuuluu Jumalan, itse kirkkauden, maailmaan, ja se voi näyttäytyä ainoastaan sellaisten ihmisten kautta jotka ovat saavuttaneet pyhityksen ja Jeesuksen Kristuksen uskon mitan.

Jumalan vallan, kyvyn ja voiman erot

Kun ihmiset määrittelevät tai puhuvat Jumalan vallasta he usein laskevat että valta ja kyky tai kyky ja voima ovat sama asia. Näiden kolmen välillä on kuitenkin selvä ero. "Kyky" on se uskon voima jonka kautta jokin ihmisille mahdoton on Jumalalle mahdollista. "Valta" on Jumalan luoma arvokas, pyhä ja majesteetillinen voima, ja hengellisessä maailmassa synnittömyyden tila on voimaa. Toisin sanoen, valta on itse pyhittymistä, ja ne Jumalan pyhittyneet lapset jotka ovat heittäneet kaiken pahan ja epätotuuden pois itsestään saavat ottaa vastaan hengellisen vallan.

Mitä sitten on "voima"? Voima viittaa Jumalan kykyyn ja valtaan jotka Hän antaa niille jotka ovat välttäneet kaikenlaista pahaa ja tulleet pyhittyneiksi.

Ottakaamme esimerkki. Jos auton ajajalla on "kyky" ajaa autoa, niin liikennepoliisilla on "valta" pysäyttää ajoneuvoja. Tämän vallan – vallan pysäyttää ja antaa autojen jatkaa matkaansa – poliisille on antanut hallitus. Joten vaikka kuskilla onkin "kyky" ajaa autoa hänen täytyy silti totella poliisia jos tämä käskee häntä pysähtymään, sillä kuskilla ei ole samaa "valtaa" kuin poliisilla.

Valta ja kyky eroavat tällä tavoin toisistaan, ja kun tämä valta ja kyky yhdistyvät me kutsumme sitä voimaksi. Jakeen Matteus 10:1 mukaan: *"'Ja hän kutsui tykönsä ne kaksitoista opetuslastaan ja antoi heille vallan ajaa ulos saastaisia henkiä ja parantaa kaikkinaisia tauteja ja kaikkinaista raihnautta".* Voima pitää sisällään "vallan" ajaa ulos pahoja henkiä ja "kyvyn" parantaa kaikkia sairauksia ja heikkouksia.

Ero vallan ja parantamisen lahjan välillä

Ihmiset jotka eivät tunne Jumalan, itse kirkkauden, valtaa, luulevat usein erheellisesti että se on sama asia kuin parantamisen lahja. 1. Korinttolaiskirjeessä 12:9 parantamisen lahja viittaa virusten saastuttamien tautien polttamisen työhön. Se ei voi parantaa ruumiinosien surkastumisesta tai hermojen rappeutumisesta johtuvaa kuuroutta tai mykkyyttä. Tämänkaltaiset sairaudet ja heikkoidet voivat parantua ainoastaan Jumalan voimalla ja Häntä miellyttävällä uskon rukouksella. Jumalan, joka on itse kirkkaus, voima on läsnä kaiken aikaa, kun taas parantamisen lahja ei aina toimi.

Jumala antaa parantamisen lahjan sellaisille ihmisille, jotka rakastavat ja rukoilevat paljon muiden ihmisten ja heidän henkiensä puolesta, ja joita Jumala pitää rohkeina ja käyttökelpoisina astioina siitä huolimatta kuinka pyhittyneitä näiden ihmisten sydämet ovat. Jumala kuitenkin ottaa tämän lahjan takaisin jos sitä käytetään väärin ja omaksi hyödyksi sen sijaan että sillä kirkastettaisiin Jumalaa.

Jumalan voima annetaan vain niille jotka ovat saavuttaneet sydämen pyhittymisen. Kun se on kerran annettu se ei heikkene tai kuihdu, sillä sen vastaanottaja ei koskaan käytä sitä hyödyttääkseen itseään. Mitä enemmän yksilö on Herran sydämen kaltainen, sitä korkeamman tason voimia Jumala hänelle antaa. Jos henkilön sydän ja käytös tulevat yhdeksi Herran kanssa, hän voi tehdä samoja tekoja kuin mitä itse Jeesus teki maan päällä ollessaan. Jumalan voima voi näyttäytyä usealla eri tavalla. Parantamisen lahja ei voi parantaa vakavia tai harvinaisia sairauksia, ja heikon uskon omaavien on vaikeampaa tulla parannetuksi parantamisen lahjalla. Jumalan, itse kirkkauden, voimalle mikään ei ole kuitenkaan mahdotonta. Potilas parantuu Jumalan voimalla välittömästi jos hän osoittaa edes pienen todistuksen uskostaan. Tässä "uskolla" viitataan hengelliseen uskoon jolla henkilö uskoo sydämensä pohjasta.

Jumalan, itse kirkkauden, voiman neljä tasoa

Kuka tahansa, joka on Jumalan silmissä sopiva astia tulee näyttämään Hänen voimaansa Jeesuksen Kristuksen kautta, joka on sama tänään ja huomenna.

On olemassa useita Jumalan voiman eri tasoja. Mitä enemmän henkeä sinä saavutat, sitä korkeampaan voiman tasoon sinä pääset ja sitä korkeampia voimia sinä saat näyttää. Ihmiset, joiden hengelliset silmät ovat avautuneet näkevät eri tasoisia kirkkauksia Jumalan voiman eri tasojen mukaan. Luotuina olentoina ihmiset voivat näyttää neljän eri tason Jumalan voimia.

Voiman ensimmäinen taso on Jumalan voiman näyttäytymistä punaisen valona, joka tuhoaa Pyhän Hengen tulen kautta.

Ensimmäisen tason voima näyttäytyy punaisena valona, ja tämä Pyhän Hengen tuli polttaa ja parantaa kaikki sairaudet bakteeri-ja virustartunnat mukaanlukien. Syövät, keuhkosairaudet, diabetes, leukemia, munuaissairaudet, nivelrikko, sydänsairaudet ja AIDS voivat kaikki parantua. Tämä ei kuitenkaan tarkoita että kaikki yllämainitut sairaudet parantuisivat ensimmäisen tason voimalla.Ensimmäisen tason voima ei ole riittävä sellaisille ihmisille jotka ovat jo astuneet Jumalan määrittämän rajan ulkopuolelle, kuten esimerkiksi sellaisissa tapauksissa jossa henkilöllä on terminaalivaiheen syöpä tai keuhkosairaus.

Vahingoittuneiden tai toimimaan kykenemättömien kehonosien parantaminen vaatii voimaa joka ei vain paranna vaan myös rakentaa kehonosan uudelleen. Jopa tällaisissa tapauksissa potilaan esittämän uskon määrä tai hänen perheensä rakkaudessaan esittämän uskon määrä päättää minkä tasoinen

*"Minä itkin päivin ja öin.
Eniten minuun sattui,
kun ihmiset katsoivat minuun ja näkivät
'sen lapsen jolla on AIDS'".*

*Herra paransi minut
Hänen voimallaan
ja antoi minun perheelleni ilon lahjan.
Minä olen niin onnellinen!*

AIDSista parantunut Esteban Juninka Hondurasista

Jumalan voima tulee näyttäytymään.

Manminin Keskuskirkon perustamisesta lähtien se on nähnyt lukemattomia kertoja kuinka ensimmäisen tason voima näyttäytyy. Kun ihmiset noudattivat Jumalan sanaa ja heidän puolestaan rukoiltiin, kaikenlaiset sairaudet parantuivat niiden vakavuudestaan huolimatta. Me olemme todistaneet kerran toisensa jälkeen kuinka Jumala on parantanut ihmisiä kun he ovat kätelleet minua tai koskettaneet vaatteideni liepeitä, kun he ovat saaneet nenäliinan jonka päällä minä olen rukoillut, kun he ovat kuunnelleet ennalta taltioituja puhelinrukouksia tai kun minä olen rukoillut sairaiden ihmisten valokuvien puolesta.

Ensimmäisen tason voiman työ ei ole rajoittunut Pyhän Hengen tulen kautta tuhoamiseen. Kuka tahansa ihminen voi tehdä jopa suurempia Jumalan voiman tekoja jos hän täyttyy Pyhällä Hengellä edes hetkeksi ollessaan syvässä rukouksessa, ja on sen hurmiossa ja sen vaikutuksen alaisena. Tämä on kuitenkin vain välikohtainen tapahtuma eikä se todista että Jumalan voima asuisi pysyvästi tässä henkilössä, sillä se tapahtuu vain silloin kun se sopii Hänen tahtoonsa.

Voiman toinen taso on Jumalan voiman näyttäytymistä sinisen valon kautta.

Malakia 4:2 sanoo: *"Mutta teille, jotka minun nimeäni pelkäätte, on koittava vanhurskauden aurinko ja parantuminen*

"Minä näin valon...
Lopulta minä pääsin ulos
14 vuotta kestäneestä tunnelista...
Minä olin antanut jo periksi itseni
suhteen,
mutta minä synnyin uudestaan
Herran voimalla!"

Shama Masaz Pakistanista, joka vapautettiin 14 vuotta kestäneestä demonien riivauksesta *sen siipien alla, ja te käytte ulos ja hypitte kuin syöttövasikat".* Ihmiset, joiden hengelliset silmät ovat avoinna voivat nähdä laserin kaltaisia, parantumista säteileviä valonsäteitä.

Voiman toinen taso ajaa pois pimeyden ja vapauttaa demonien riivaamia, Saatanan hallitsemia ja erilaisten pahojen henkien hallitsemia ihmisiä. Toisen tason voima voi parantaa useita eri pimeyden voimien aiheuttamia henkisiä sairauksia, kuten esimerkiksi autismin tai hermoromahduksen.

Me voimme välttää tämänkaltaisia sairauksia jos me "iloitsemme aina" ja "annamme kaikessa kiitosta". Jos sinä vihaat muita, haudot pahoja ajatuksia, ajattelet negatiivisesti tai suutut helposti sen sijaan että sinä olisit aina iloinen, sinä tulet omaamaan pahan sydämen ja pahoja ajatuksia. Kun Saatanan voimat, jotka ajavat ihmiset omaamaan pahoja ajatuksia ja pahan sydämen ajetaan pois, silloin kaikki nämä henkiset sairaudet parantuvat itsestään.

Ajoittain fyysisiä sairauksia ja heikkouksia parannetaan Jumalan toisen tason voimalla. Tämänkaltaiset demonien ja paholaisten aiheuttamat sairaudet ja heikkoudet parantuvat Jumalan voiman toisen tason valon kautta. Tässä "heikkouksilla" viitataan kehonosien surkastumiseen ja halvaantumiseen, kuten esimerkiksi mykkyyteen, kuurouteen, liikuntavammoihin, sokeuteen, synnynnäiseen halvaantumiseen ja muihin vastaaviin.

Mark 9:14:sta eteenpäin Raamatussa on kohtaus jossa Jeesus ajoi pojasta "mykän ja kuuron hengen" ulos (jae 25). Tästä pojasta oli tullut kuuromykkä hänessä olevan pahan hengen tähden. Poika parantui välittömästi kun Jeesus ajoi hengen ulos.

Samalla tavalla pahat henget on ajettava ulos jotta potilas voi parantua jos tämän sairaus johtuu demoneiden ja pahojen henkien kaltaisista pimeyden voimista. Jos henkilö kärsii hermoromahduksen aiheuttamista ruuansulatusvaivoista, niin silloin täytyy hankkiutua eroon hänen vaivansa aiheuttajasta ajamalla pois Saatanan voimat. Pahojen henkien ja pimeyden voimien jäänteitä voidaan myös löytää sellaisista sairauksista kuin halvaus ja reumatismi. Joskus ihmiset kärsivät kivusta eri puolilla kehoaan siitä huolimatta että lääkärit eivät pysty löytämään heistä mitään vikaa. Ihmiset, joiden hengelliset silmät ovat avautuneet näkevät usein kuinka kammottavien eläinten hahmossa olevat pimeyden voimat jättävät potilaan kun minä rukoilen sellaisen henkilön puolesta joka kärsii tämänkaltaisiat vaivoista.

Sairauksista ja heikkouksista löytyvien pimeyden voimien lisäksi Jumalan toisen tason voima voi ajaa ulos myös kotona, liikeyrityksessä tai työpaikalla olevat pimeyden voimat. Kun sellainen henkilö, jonka kautta Jumalan toisen tason voimat näyttäytyvät vierailee kotonaan vainottuja tai töissä tai liike-elämässä ongelmia kärsivien henkilöiden luona, pimeys ajetaan pois ja kirkkaus kohtaa ihmisiä ja heidän tekojaan vastaavat siunaukset laskeutuvat heidän päälleen.

Kuolleiden herättäminen tai henkilön elämän päättäminen

Jumalan tahdon mukaisesti kuuluu myös Jumalan toisen tason voimiin. Seuraavat tapaukset sopivat tähän luokkaan: Apostoli Paavali herätti Eytukusin (Ap. t. 20:9-12); Ananias ja Safiras pettivät apostoli Pietarin jonka kirous johti heidän kuolemaansa (Ap. t. 5:1-11); ja Elisan kirous joka johti kirottujen lapsien kuolemaan (2. Kun. 2:23-24).

Jeesuksen tekojen ja apostoli Paavalin, apostoli Pietarin je Elisan tekojen välillä on kuitenkin tärkeitä eroja. Kaikkien henkien Herrana Jumalan täytyi hyväksyä saako joku elää vai viedäänkö hänet pois. Koska Jeesus ja Jumala ovat kuitenkin yksi ja sama, Jeesuksen tahto oli myös Jumalan tahto. Tämän johdosta Jeesus saattoi tuoda ihmisiä takaisin kuolleista pelkästään Hänen Sanansa voimalla (Joh. 11:43-44), kun taas profeettojen ja apostolien täytyi kysyä Jumalan tahtoa ja pyytää Hänen hyväksyntäänsä jos he tahtoivat virvoittaa ihmisiä.

Voiman kolmas taso on Jumalan vallan näyttäytyminen valkoisen tai värittömän valon kautta, ja sitä säestävät kaikenlaiset merkit ja luomisen voima.

Jumalan, itse kirkkauden, voiman kolmatta tasoa seuraavat kaikenlaiset merkit ja luomisen työt. Tässä "merkeillä" viitataan parannuksiin joiden kautta sokeat saavat nähdä, mykät puhua ja kuurot kuulla. Invalidit nousevat ylös ja kävelevät, lyhentyneet jalat pitenevät ja synnynnäiset halvaukset ja kehitysvammat

*"Oh, Jumala!
Kuinka tama on mahdollist?
Kuinka on mahdollista että minä kävelen?"*

Vanha kenialainen nainen pystyi taas kävelemään
saarnastuolirukouksen jälkeen

parantuvat kokonaan. Epämuodostuneet tai syntymästä lähtien surkastuneet kehonosat tervehtyvät. Rikkoutuneet luut eheytyvät, puuttuvat luut kasvavat paikallaan, lyhyet kielet pidentyvät ja jänteet kiinnittyvät paikoilleen. Mikään sairaus tai heikkous ei ole ongelma, sillä ensimmäisen, toisen ja kolmannen tason Jumalan voimat tekevät työtä yhdessä tarpeen mukaan voimien kolmannella tasolla.

Jumala voi luoda kaikesta uutta vaikka joku olisi palanut päästä varpaisiin ja hänen solunsa ja lihaksensa olisivat palaneet tai vaikka liha olisi keitetty kiehuvassa lihassa. Jumala loi kaiken tyhjästä, ja Hän voi korjata sekä elottomia esineitä kuten koneita että myös sairaita kehonosia.

Manminin Keskuskirkossa huonosti toimineet tai vakavasti vahingoittuneet sisäelimet ovat parantuneet nenäliinarukouksen tai automaattisen puhelinviestirukouksen kautta. Jumalan voiman kolmannella tasolla luomistyön voima tulee toistuvasti esille vahingoittuneiden keuhkojen parantuessa ja elinsiirtoja odottaneiden munuaisten ja maksojen tervehtyessä.

Yksi asia täytyy kuitenkin tehdä selväksi. Jos heikon kehonosan toiminta palautuu ennalleen, tämä on Jumalan voiman ensimmäisen tason työtä. Jos taas sellainen kehonosa elpyy jolla ei ollut mitään mahdollisuuksia parantua, tämä on Jumalan voiman kolmannen tason työtä, luomisen voimaa.

Voiman neljäs taso on Jumalan voiman

"Edes minä itse en tahtonut nähdä kehoani,
joka oli täysin palanut...

Ollessani yksin,
Hän saapui luokseni,
ojensi kätensä,
ja veti minut puoleensa...

Hänen rakkautensa ja omistautumisensa kautta
minä olen saanut uuden elämän...
Onko olemassa mitään,
mitä minä en tekisi Herran puolesta?"

Vanhempi diakonissa Eundeuk Kim,
joka parantui kolmannen asteen palovammoista
jotka ulottuivat aina hänen päästä jalkoihin saakka

näyttäytyminen kultaisen valon kautta, ja tämä on vallan täyttymistä.

Jeesuksen tekemien voiman töiden kautta me näemme kuinka neljännen tason voima hallitsee kaikkia asioita, komentaa säätä ja saa jopa elottomat asiat tottelemaan. Matteuksen jakeessa 21:19 Jeesus kirosi viikunapuun, ja *"kohta viikunapuu kuivettui"*. Matteus 8:23 aloittaa kohtauksen, jossa Jeesus toruu tuulia ja aaltoja saaden näin meren tyyntymään. Jopa luonto ja tuulen ja aaltojen kaltaiset elottomat asiat noudattivat Jeesuksen käskyjä.

Jeesus sanoi kerran Pietarille että tämän tulisi mennä veneellään syvään kohtaan ja heittää siellä verkot mereen. Kun Pietari teki näin hän sai niin suuren saaliin että hänen verkkonsa alkoi repeillä (Luukas 5:4-6). Erään toisen kerran Jeesus sanoi Pietarille: *"Mene ja heitä onki järveen. Ota sitten ensiksi saamasi kala, ja kun avaat sen suun, löydät hopearahan. Ota se ja anna heille minun puolestani ja omasta puolestasi"* (Matteus 17:24-27).

Jumala loi Sanallaan koko maailmankaikkeuden, ja kun Jeesus komensi maailmankaikkeutta se totteli Häntä ja Hänen toiveensa tuli todeksi. Samalla tavalla, kun me omaamme todellista uskoa me voimme olla varmoja siitä mitä me toivomme ja siitä mitä me emme näe (Heprealaiskirje 11:1), ja voima, joka luo koko maailmankaikkeuden tyhjästä, tulee näyttäytymään.

Lisäksi, Jumalan voiman neljännellä tasolla näyttäytyvä voima uhmaa aikaa ja paikkaa.

Muutamat Jeesuksen näyttämistä Jumalan voimallisista teoista uhmasivat sekä ajan että paikan rajoituksia. Markus 7:24 kuvaa kuinka nainen rukoili Jeesukselta että Hän parantaisi naisen riivatun tyttären. Nähtyään naisen nöyryyden ja uskon Jeesus sanoi hänelle: *"Tämän sanan tähden, mene; riivaaja on lähtenyt sinun tyttärestäsi"*. Palatessaan kotiin nainen löysi tyttärensä vuoteelta, vapaana demoneista.

Sairaat parantuivat siitä huolimatta, että Jeesus ei vieraillut heidän jokaisen luona henkilökohtaisesti. Tämä johtui siitä, että Hänen komentonsa uhmasivat aikaa ja paikkaa Hänen nähtyään kuinka vahva näiden sairaiden ihmisten usko oli.

Myös se, että Jeesus oli ainoa joka pystyi tekemään vetten päällä kävelemisen voimallisen teon todistaa siitä kuinka kaikki maailmankaikkeudessa oleva oli Jeesuksen vallan alla.

Jeesus sanoo seuraavasti luvussa Joh. 14:12: *"Totisesti, totisesti minä sanon teille: joka uskoo minuun, myös hän on tekevä niitä tekoja, joita minä teen, ja suurempiakin, kuin ne ovat, hän on tekevä; sillä minä menen Isän tykö"*. Hänen lupauksensa mukaisesti Manminin Keskuskirkossa tapahtuu ihmeellisiä tekoja tänäkin päivänä.

Esimerkiksi useat säätiloja muuttavat ihmeet ovat käyneet toteen. Rukoillessani kaatosade lakkaa silmänräpäyksessä, tumma pilvi liukenee ilmaan ja kirkas taivas täyttyy hetkessä pilvillä. Myös elottomat asiat ovat totelleet rukouksiani lukemattomia kertoja. Jopa hengenvaarallisen häkämyrkytyksen yhteydessä tajuttomana ollut henkilö heräsi eikä kärsinyt mistään sivuvaikutuksista pari minuuttia käskyni jälkeen. Rukoiltuani kolmannen asteen palovammoista kärsineen henkilön puolesta sanoen: "Palava tunne, poistu" tämä henkilö ei tuntenut enää lainkaan kipua.

Lisäksi yhä ihmeellisemmät aikaa ja paikkaa uhmaavat Jumalan teot tulevat kirkossa näkyviin. Yksi näistä tapauksista koski Cynthiaa, Pakistanin Manmin-kirkon pastorin Wilson John Gilin, tytärtä. Minä rukoilin Soulissa, Koreassa Cynthian puolesta hänen valokuvansa edessä, ja tyttö jonka suhteen lääkärit olivat antaneet periksi parantui hetkessä heti kun minä rukoilin hänen puolestaan tuhansien kilometrien päässä.

Voiman neljännellä tasolla voima parantaa sairauksia, ajaa pois pimeyden voimia, näyttää ihmeitä ja merkkejä ja käskeä kaikkia asioita tottelemaan – ensimmäisen, toisen ja kolmannen tason voimien liitto – tulee esiin.

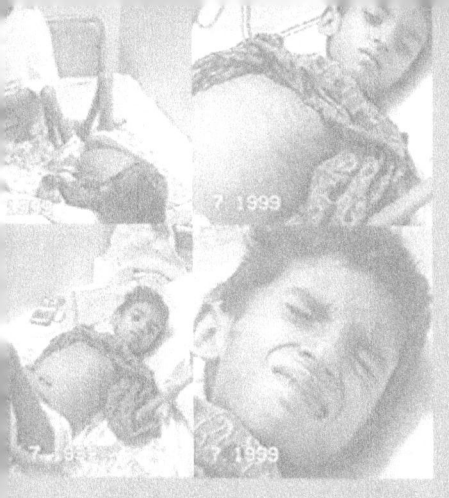

7 1999
7 1999

"Niin tuskallista...
Niin tuskallista,
että minä en voi avata silmiäni...
Kukaan ei tiennyt mitä minä
tunsin,
mutta Herra tiesi kaiken
ja paransi minut".

Cynthia Pakistanista,
joka parani keliakiasta ja suolentukkeumasta

Luomisen korkein voima

Raamattu puhuu sellaisista Jeesuksen osoittamista voimista jotka ovat neljännenkin tason yläpuolella. Tämän tason voima, Korkein Voima, kuuluu Luojalle. Tämä voima ei näyttäydy sellaisella tasolla jolla ihmiset voivat näyttää Hänen voimaansa. Tämä voima tulee sen sijaan siitä alkuperäisestä kirkkaudesta, joka paloi silloin kun ainoastaan Jumala oli olemassa. Johanneksen 11. luvussa Jeesus komensi neljä päivää kuolleena ollutta Lasarusta jonka ruumis haisi kauhealta. Hän sanoi: *"Lasarus, tule ulos!"* Hänen käskynsä kuultuaan tämä kuollut mies tuli ulos kädet ja jalat käärinliinoihin käärittyinä ja liina kasvojen päällä (jakeet 43-44).

Henkilö tulee astumaan hengelliseen maailmaan sen jälkeen kun hän on poistanut itsestään kaikenlaisen pahan, tullut pyhittyneeksi, alkanut olemaan Isä Jumalan sydämen kaltainen sekä muuttunut kokonaiseksi hengeksi. Mitä enemmän tietoutta hengellisestä maailmasta hän kerää, sitä enemmän hänen näyttämänsä Jumalan voiman teot tulevat olemaan neljättä tasoa korkeammalla.

Tuolloin hän saavuttaa sellaisen voiman tason joka näyttäytyy vain Jumalan kautta. Tämä voima on Luomisen Korkein Voima. Kun henkilö saavuttaa tämän tason, myös hän tulee tekemään ihmeellisiä luomisen tekoja, aivan kuten silloin kun Jumala loi koko maailmankaikkeuden Hänen käskyllään.

Kun hän esimerkiksi komentaa sokeaa, sanoen: "Avaa silmäsi", tämän sokean henkilön silmät avautuvat välittömästi. Kun hän komentaa mykkää, sanoen "Puhu!", tämä mykkä alkaa puhumaan välittömästi. Kun hän komentaa halvaantunutta, sanoen: "Nouse ylös", tämä henkilö nousee ylös ja juoksee. Hän käskystään arvet ja surkastuneet kehon osat uusiutuvat ja parantuvat.

Näitä tekoja säestävät Jumalan – joka oli olemassa äänenä ja valona ennen aikojen alkua – ääni ja valo. Kun kirkkauden luomisen rajoittamaton voima tuodaan esille äänen toimesta, tämä valo tulee laskeutumaan ja ihmeellinen teko tapahtuu. Tämän tähden sellaisetkin ihmiset, jotka ovat astuneet Jumalan asettamien elämän rajojen ulkopuolelle tai joilla on sairauksia tai heikkouksia joita ensimmäisen, toisen tai kolmannen tason voimat eivät voi parantaa, tulevat parantuneeksi tällä voimalla.

Jumalan, itse kirkkauden, voiman saaminen

Kuinka me voimme olla Jumalan – itse kirkkauden – sydämen kaltaisia, saada Hänen voimansa ja johdattaa lukemattomia ihmisiä pelastuksen tielle?

Ensinnäkin, meidän tulee välttää kaikenlaista pahaa ja tulla pyhittyneeksi sekä saavuttaa sydämen hyvyys ja unelmoida ylimmästä hyvyydestä.

Voisimmeko me sanoa että sinä olet saavuttanut sydämen hyvyyden jos sinä et näytä olevasi vihainen tai pahoillasi vaikka joku on vahingoittanut sinua tai tehnyt elämäsi hankalaksi? Ei, me emme voi sanoa näin. Vaikka sydämesi ei vapisisikaan ja sinussa ei olisi epämukavuuden tunnetta, tämä on Jumalan silmissä vasta ensimmäinen askel tiellä hyvyyttä kohti.

Hyvyyden korkeammalla tasolla henkilö puhuu ja käyttäytyy tavalla joka koskettaa häntä satuttaneita tai vainonneita henkilöitä. Kaikista ylimmäinen hyvyys miellyttää Jumalaa, ja tämän tason saavuttanut henkilö on valmis antamaan jopa henkensä vihollisensa puolesta.

Jeesus saattoi antaa anteeksi Hänet ristiinnaulinneille ja Hänet avoimesti uhranneille ihmisille sen tähden, että Hän omasi kaikista ylimmän tason hyvyyttä. Sekä Mooses että Paavali olivat valmiita antamaan henkensä ihmisten puolesta jotka olivat valmiita tappamaan heidät.

Mitä Mooses teki kun Jumala aikoi tuhota Israelin kansan joka vastusti Häntä epäjumalia palvomalla, nurisemalla ja kantamalla Häntä vastaan kaunaa siitä huolimatta että kansa oli todistanut useita ihmeitä ja merkkejä? Mooses rukoili Jumalaa vilpittömästi: *"Jospa nyt antaisit heidän rikoksensa anteeksi! Mutta jos et, niin pyyhi minut pois kirjastasi, johon kirjoitat"* (Exodus 32:32). Apostoli Paavalin laita oli samoin. Hän tunnusti

Roomalaiskirjeessä 9:3 seuraavasti: *"Sillä minä soisin itse olevani kirottu pois Kristuksesta veljieni hyväksi, jotka ovat minun sukulaisiani lihan puolesta"*. Paavali oli saavuttanut ylimmän hyvyyden tason, ja siten Jumalan voiman suuret työt seurasivat häntä aina.

Seuraavaksi, meidän tulee saavuttaa hengellinen rakkaus.

Rakkauden merkitys on nykyään kovin laimea. Vaikka monet sanovat toisilleen: "Minä rakastan sinua", ajan kuluessa tämä "rakkaus" osoittautuu usein muuttuvaiseksi lihalliseksi rakkaudeksi. Jumalan rakkaus on hengellistä rakkautta joka on päivästä päivään täydellistä, ja tämä rakkaus on kuvattu yksityiskohtaisesti 1. Korinttolaiskirjeen 13. jakeessa.

Ensinnäkin, *"Rakkaus on pitkämielinen, rakkaus on lempeä; rakkaus ei kadehdi"*. Meidän Herramme on antanut meille kaikki meidän syntimme ja vikamme anteeksi, ja Hän on avannut oven pelastukseen odottamalla kärsivällisesti jopa niitä jotka ovat melkein anteeksiannon ulkopuolella. Mutta vaikka me tunnustammekin rakastavamme Herraa, olemmeko me pikaisia tuomaan esille veljiemme ja sisariemme synnit ja viat? Olemmeko me pikaisia tuomitsemaan muita kun jokin tai joku ei ole meille mieleen? Olemmeko me olleet kateellisia tai pettyneitä koska jonkun toisen elämä on sujunut hyvin?

Seuraavaksi, rakkaus *"ei kerskaa, ei pöyhkeile"* (jae 4).

Vaikka ulkoa päin katsottuna saattaakin vaikuttaa siltä että me kirkastamme Herraa, kyse on kuitenkin kerskailemisesta ja ylpeilystä jos meidän sydämemme tahtoo muiden tunnustusta tai jos me tuomme itseämme julki tai olemme asemamme tähden välinpitämätön muita kohtaan.

Lisäksi, rakkaus *"ei käyttäydy sopimattomasti, ei etsi omaansa, ei katkeroidu, ei muistele kärsimäänsä pahaa"* (jae 5). Meidän epäkohtelias käyttäytymisemme Jumalaa ja muita ihmisiä kohtaan, meidän helposti muuttuvat ja pinnalliset sydämemme ja ajatuksemme, meidän taipumuksemme ajatella negatiivisesti ja pahaa muista ihmisistä ja muut vastaavat eivät ole osa rakkautta.

Rakkaus myöskään *"ei iloitse vääryydestä, vaan iloitsee yhdessä totuuden kanssa"* (jae 6). Meidän tulee aina kulkea ja riemuita totuudessa jos meillä on rakkautta. 3. Joh. 1:4 sanoo: *"Minulla ei ole suurempaa iloa kuin se, että kuulen lasteni vaeltavan totuudessa"*. Totuuden tulee olla suuren ilon ja onnen lähde.

Lopulta, *"kaikki se peittää, kaikki se uskoo, kaikki se*

toivoo, kaikki se kärsii" (jae 7). Ihmiset jotka todella uskovat Jumalaan tulevat oppimaan Jumalan tahdon, ja siten he tulevat uskomaan kaikkeen. Odottaessaan vilpittömästi Herran paluuta, uskovien jälleennousemista, taivaallisia palkkioita ja muita vastaavia asioita, nämä ihmiset unelmoivat kaikista näistä asioista, kestävät kaikenlaisia koettelemuksia ja yrittävät toteuttaa Hänen tahtoansa.

Jumala, itse kirkkaus, on antanut Hänen voimansa lahjaksi ihmisille jotka yrittävät elää totuudessa seuraamalla Raamattuun kirjattuja hyvyyttä, rakkautta ja muita vastaavia. Tämä voima toimii todistuksena Hänen rakkaudestaan. Hän myös tahtoo kohdata kaikki jotka yrittävät kulkea kirkkaudessa ja vastata heille.

Joten minä rukoilen Herramme Jeesuksen Kristuksen nimessä, että tutkiskelemalla itseänne ja parantamalla sydämenne kaikista teistä jotka haluatte saada Herran siunauksia ja vastauksia tulisi valmiita astioita Hänen silmissään ja että te saisitte kokea Jumalan voiman!

Sokeiden silmät tulevat aukeamaan

- Jeesus parantaa sokeana syntyneen miehen
- Sokeiden silmien aukaisemisen työt Manminin Keskuskirkossa

Joh. 9:32-33

Ei ole maailman alusta kuultu, että kukaan on avannut sokeana syntyneen silmät. Jos hän ei olisi Jumalasta, ei hän voisi mitään tehdä.

Apostolien teoissa 2:22 Jeesuksen opetuslapsi Pietari puhui juutalaisille Pyhän Hengen saatuaan. Profeetta Jooelia lainaten hän sanoi: *"Te Israelin miehet, kuulkaa nämä sanat: Jeesuksen, Nasaretilaisen, sen miehen, josta Jumala todisti teille voimallisilla teoilla ja ihmeillä ja merkeillä, joita Jumala hänen kauttansa teki teidän keskellänne, niinkuin te itse tiedätte"*. Jeesuksen näyttämät voimat, merkit ja ihmeet olivat todisteita jotka kertoivat että juutalaisten ristiinnaulitsema Jeesus oli todellakin Messias jonka tuleminen oli ennustettu Vanhassa testamentissa.

Pietari itse teki Jumalan voiman tekoja sen jälkeen kun hän sai omakseen Pyhän Hengen ja sen voiman. Hän paransi halvaantuneen kerjäläisen (Ap. t. 3:8) ja ihmiset jopa toivat sairaita kadulle ja laskivat heidät sängyille ja matoille jotta edes Pietarin varjo lankeaisi heidän päälleen hänen kulkiessaan heidän ohitseen (Ap. t. 5:15).

Valta on kuin lippu joka kertoo siitä että Jumala on läsnä siinä henkilössä joka tekee voiman töitä, ja tämän tähden Jumala on antanut voiman niille ihmisille jotka ovat Hänen mielestään ansainneet sen. Tämä on varmin tapa istuttaa siemen ei-uskovaisten sydämeen.

Jeesus parantaa sokeana syntyneen miehen

Johanneksen 9. luvussa oleva tarina alkaa kun Jeesus kohtasi matkallaan sokeana syntyneen miehen. Jeesuksen opetuslapset tahtoivat tietää miksi mies oli ollut syntymästään saakka sokea. *"Rabbi, kuka teki syntiä, tämäkö vai hänen vanhempansa, että hänen piti sokeana syntymän?"* (jae 2) Jeesus vastasi tähän sanomalla että mies oli syntynt sokeana jotta Jumalan teot voisivat näkyä hänen elämänsä kautta (jae 3). Sitten Hän sylki maahan, sekoitti syljestä ja mudasta tahnan, hieroi sitä miehen silmiin ja käski sokeana syntynyttä miestä seuraavasti: *"Mene ja peseydy Siiloan lammikossa"* (jakeet 6-7). Miehen peseydyttyä Siiloan lammikossa Jeesuksen käskyn mukaisesti hänen silmänsä avautuivat.

Raamattu kertoo useaan otteeseen kuinka Jeesus paransi sairaita, mutta tämä sokeana syntynyt mies oli kuitenkin erilainen kaikkiin muihin verrattuna. Sen sijaan että tämä mies olisi rukoillut Jeesusta parantamaan hänet, Jeesus itse meni miehen luokse ja paransi hänet täysin.

Miksi tämä sokeana syntynyt mies sai sitten osakseen tämänkaltaisen runsaan armon?

Ensinnäkin, mies oli kuuliainen.

Tavallisen ihmisen näkökulmasta mikään Jeesuksen tekemistä

asioista – maahan sylkeminen, tahnan tekeminen ja sen hierominen sokean miehen silmiin ja se, että Hän käski miestä mennä peseytymään Siiloan lammikkoon – ei ole helposti ymmärrettävää. Maalaisjärki ei anna tämänkaltaisen henkilön ymmärtää miksi sokea mies avaisi silmänsä sen jälkeen kun joku hieroo niihin tahnaa ja pesee ne vedellä. Jos tällainen henkilö lisäksi kuulisi Jeesuksen käskyn tietämättä kuka Jeesus on, hän tai kukaan muukaan ei luultavasti uskoisi että tarina on totta, ja hän luultavasti olisi jopa vihainenkin sen johdosta. Näin ei kuitenkaan käynyt tämän miehen kanssa. Jeesuksen käskettyä häntä, hän noudatti Hänen käskyään ja pesi silmänsä Siiloan lammikossa. Uskomatonta kyllä, hänen syntymästään saakka suljettuina olleet silmät aukenivat ensimmäistä kertaa hänen elämänsä aikana, ja lopultakin mies saattoi nähdä.

Jos Jumalan sana ei sinun mielestäsi sovi yhteen ihmisen maalaisjärven tai hänen kokemustensa kanssa, koeta sitten noudattaa Hänen sanaansa nöyrin sydämin sokeana syntyneen miehen tavoin. Silloin Jumalan armo laskeutuu sinun yllesi ja sinä saat kokea ihmeellisen kokemuksen aivan kuten sokeana syntynyt mies jonka silmät avautuivat.

Toisekseen, syntymästään saakka sokean miehen hengelliset silmät, jotka saattoivat erottaa totuuden epätotuudesta, avautuivat.

Sokeana syntyneen miehen silmät olivat fyysisesti sokeat, mutta kun me luemme kuinka hän keskusteli juutalaisten kanssa parantumisensa jälkeen me opimme että sydämensä hyvyydessä hän saattoi erottaa hyvän pahasta. Juutalaiset olivat puolestaan hengellisesti sokeita, sillä he olivat sidottuja lakiinsa. Kun Jeesus kysyi parantumisesta, sokeana syntynyt mies julisti rohkeasti: *"Hän siveli tahtaan minun silmilleni, ja minä peseydyin, ja nyt minä näen"* (jae 11).

Kun Jeesus kysyi sokeana syntyneeltä mieheltä "Mitä sinä sanot hänestä, koskapa hän avasi sinun silmänsä?", tämä vastasi: "Hän on profeetta" (jae 17). Mies ajatteli, että jos Jeesus oli tarpeeksi voimallinen parantamaan sokeuden Hänen täytyi olla Jumalan mies. Juutalaiset toruivat miestä: *"Anna kunnia Jumalalle; me tiedämme, että se mies on syntinen"* (jae 24).

Kuinka epälooginen heidän väitöksensä onkaan? Jumala ei vastaa syntisen rukoukseen. Hän ei myöskään anna syntiselle voimaa avata sokean silmiä ja saada kunniaa. Vaikka juutalaiset eivät voineet uskoa tai käsittää tätä, tämä sokeana syntynyt mies jatkoi rohkeiden ja totuudenmukaisten tunnustusten tekemistä: *"Me tiedämme, ettei Jumala kuule syntisiä; vaan joka on jumalaapelkääväinen ja tekee hänen tahtonsa, sitä hän kuulee. Ei ole maailman alusta kuultu, että kukaan on avannut sokeana syntyneen silmät. Jos hän ei olisi Jumalasta, ei hän voisi mitään tehdä"* (jakeet 31-33).

Yhdenkään sokean miehen silmiä ei ole avattu luomisen

jälkeen, ja tämän tähden kaikki jotka kuulivat mitä tälle miehelle oli tapahtunut iloitsivat ja riemuitsivat hänen kanssaan. Sen sijaan juutalaisten keskuudessa vihamielisyys ja tuomitseminen nostivat päätään. Juutalaiset olivat hengellisesti sokeita, ja tämän tähden he kuvittelivat että Jumalan työn vastustaminen oli itse asiassa Jumalan työtä. Raamattu kuitenkin kertoo meille että ainoastaan Jumala voi avata sokeiden silmät.

Psalmi 146:8 muistuttaa meitä siitä, että: *"Herra avaa sokeain silmät, Herra nostaa alaspainetut, Herra rakastaa vanhurskaita"*, kun taas Jesaja 29:18 sanoo: *"Sinä päivänä kuurot kuulevat kirjan sanat, ja sokeiden silmät näkevät vapaina synkeästä pimeydestä"*. Jesaja 35:5 sanoo meille, että: *"Silloin avautuvat sokeain silmät ja kuurojen korvat aukenevat"*. Tässä "sinä päivänä" ja "silloin" viittaavat siihen hetkeen kun Jeesus saapui maahan ja avasi sokean silmät.

Näistä jakeista ja muistutuksista huolimatta lakeihinsa sitoutuneet juutalaiset eivät saattaneet uskoa että Jumalan työt näyttäytyisivät tällä tavoin Jeesuksen kautta, ja sen sijaan he sanoivat että Jeesus oli Jumalan sanaa rikkova syntinen. Vaikka sokeana syntynyt mies ei omannut suurta tietoutta laista, hän silti tunsi sydämessään totuuden: että Jumala ei kuuntele syntisiä. Hän myös tiesi että sokean silmien parantaminen oli mahdollista ainoastaan Jumalalle.

Kolmanneksi, saatuaan Jumalan armon tämä sokeana

syntynyt mies tuli Herran eteen ja päätti aloittaa uuden elämän.

Minä olen todistanut lukemattomia kertoja kuinka kuoleman porteilla olevat ihmiset ovat saaneet voimaa ja vastauksia kaikenlaisiin elämän ongelmiin Manminin Keskuskirkossa. Minä kuitenkin suren sellaisten ihmisten puolesta joiden sydämet muuttuvat jopa senkin jälkeen kun he ovat saaneet Jumalan armon sekä niiden puolesta jotka hylkäävät uskonsa ja palaavat maailmallisiin menoihin. Kun heidän elämänsä täyttyvät kivulla ja tuskalla nämä ihmiset usein rukoilevat kyynelsilmin seuraavasti: "Sen jälkeen kun minä paranen minä elän ainostaan Herralle". Kun nämä ihmiset kuitenkin saavat siunauksia ja parannuksen he hylkäävät armon ja harhautuvat totuudesta jahdatessaan omaa etuaan. He ovat kenties saaneet fyysiset ongelmansa ratkaistuiksi, mutta tämä on kuitenkin hyödytöntä sillä heidän henkensä ovat erkaantuneet pelastuksen tiestä ja ne ovat matkalla helvettiin.

Tällä syntymästään saakka sokealla miehellä oli hyvä sydän joka ei hyljännyt armoa. Tämän tähden hän ei ainoastaan parantunut sokeudesta kohdatessaan Jeesuksen vaan hän myös sai pelastuksen siunauksen. Kun Jeesus kysyi häneltä: "Uskotko sinä Jumalan Poikaan?" tämä mies vastasi: "Herra, kuka hän on, että minä häneen uskoisin?" (jakeet 35-36) Kun Jeesus sanoi: "Sinä olet hänet nähnyt, ja hän on se, joka sinun kanssasi puhuu",

"Äiti,
se sokaisee...
Ensimmäistä kertaa,
minä pystyn näkemään valoa...
Minä en koskaan uskonut,
että tämä tapahtuisi minulle...,"

Jennifer Rodriguez Filippiineiltä.
Hän oli ollut syntymästään saakka sokea
mutta alkoi nähdä kahdeksan vuoden sokeuden jälkeen

mies tunnusti: "Herra, minä uskon" (jakeet 37-38). Mies ei vain "uskonut"; hän otti Jeesuksen vastaan Kristuksena. Tämän vakaan tunnustuksen pohjalta tämä mies päätti että hän seuraisi ainoastaan Herraa ja eläisi ainoastaan Hänelle.

Jumala tahtoo meidän kaikkien menevän Hänen eteensä tämänkaltaisen lempeän sydämen kanssa. Hän ei tahdo että me etsimme Häntä ainoastaan sen tähden että Hän parantaa meidän sairautemme ja siunaa meitä. Hän tahtoo, että me ymmärtäisimme Hänen aitoa rakkautta jonka tähden Hän antoi ainoan Poikansa meille, ja Hän tahtoo että me ottaisimme Jeesuksen vastaan pelastajana. Meidän tulee myös rakastaa Häntä suumme lisäksi myös Jumalan sanan mukaisilla teoillamme. Hän sanoo meille jakeessa 1. Joh. 5:3: *"Sillä rakkaus Jumalaan on se, että pidämme hänen käskynsä. Ja hänen käskynsä eivät ole raskaat"*. Jos me todellakin rakastamme Jumalaa, meidän tulee heittää pois itsestämme kaikenlaisen pahan ja kulkea kirkkaudessa joka päivä.

Kuinka Jumala voisi olla vastaamatta meille kun me pyydämme Häneltä jotakin tämänkaltaisella uskolla ja rakkaudella? Jeesus lupaa meille Matteuksen jakeessa 7:11: *"Jos siis te, jotka olette pahoja, osaatte antaa lapsillenne hyviä lahjoja, kuinka paljoa ennemmin teidän Isänne, joka on taivaissa, antaa sitä, mikä hyvää on, niille, jotka sitä häneltä anovat!"* Meidän tulee siis uskoa siihen, että meidän Isä Jumalamme vastaa Hänen rakkaiden lapsiensa rukouksiin.

"Sydämeni johdatti minut siihen paikkaan...

Minä kaipasin armoa...

Jumala antoi minulle suuren lahjan.
Minä olen iloisempi sen johdosta
että sain tavata elävän Jumalan
kun sen,
että minä pystyn näkemään!"

Joten sillä ei ole mitään väliä minkälaisten sairauksien tai ongelmien kanssa sinä astut Jumalan eteen. Jos tunnustus "Herra, minä uskon!" kumpuaa sinun sydämesi syvyydestä ja sinä todistat uskosi uskon teoilla, sokeana syntyneen miehen parantanut Herra parantaa kaikenlaiset sairaudet, tekee mahdottoman mahdolliseksi ja ratkaisee kaikki sinun elämäsi ongelmat.

Sokeiden silmien aukaisemisen työt Manminin Keskuskirkossa

Siitä lähtien kun Manmin avattiin vuonna 1982, se on kirkastanut Jumalaa suuresti lukuisten sokeiden silmien aukaisemisen kautta. Monet syntymästään saakka sokeat ovat saaneet näkönsä rukouksen jälkeen. Useat muut joiden näkökyky on ollut heikentynyt ja jotka ovat joutuneet tukeutumaan silmälaseihin tai piilolinsseihin ovat saaneet näkönsä takaisin. Nämä seuraavat todistukset ovat vain esimerkkejä lukemattomien todistusten joukosta.

Ollessani Great United-ristiretkellä Hondurasissa heinäkuussa 2002 eräs 12-vuotias Maria-niminen tyttö, sokea oikeassa silmässään hänen kaksi-vuotiaana kokemansa vakavan kuumeen takia, otti myös osaa tähän ristiretkeen. Hänen vanhempansa olivat tehneet kaikkensa palauttaakseen hänen

*"Lääkärit sanoivat minulle
että minä olisin pian sokea…
Kaikki alkoi sumeta…*

*Kiitos, Herra,
siitä että annoit minulle valon…*

Minä olen odottanut Sinua…"

Pastori Ricardo Morales Hondurasista,
joka menetti osan näöstään
onnettomuuden jälkeen
mutta sai sen takaisin

näkönsä. Edes Marian saama sarveiskalvosiirto ei auttanut. Tätä sarveiskalvoleikkausta seuranneen vuosikymmenen aikana Maria ei pystynyt erottamaan oikealla silmällään edes valoa.

Sitten vuonna 2002 halussaan saada osansa Jumalan armosta Maria otti osaa ristiretkeen, jonka aikana minä rukoilin hänen puolestaan. Hän alkoi erottaa valon oikealla silmällään ja pian hänen näkönsä palautui hyväksi. Hänen oikeassa silmässään olleet täysin kuolleet ja halvaantuneet hermot palautuivat ennalleen Jumalan voimalla. Kuinka ihmeellistä tämä onkaan? Lukematon määrä hondurasilaisia juhlisti tätä tapahtumaa, ja he julistivat: "Jumala on todellakin elossa ja Hän tekee töitään vielä tänäkin päivänä!"

Pastori Ricardo Morales oli melkein täysin sokea mutta hän parantui täysin makean Muan-veden avulla. Seitsemän vuotta ennen Hondurasin ristiretkeä pastori Ricardo joutui hirvittävään onnettomuuteen jossa hänen retinansa vahingoittui ja kärsi sisäisestä verenvuodosta. Lääkärit olivat kertoneet Ricardolle että hän tulisi vähitellen menettämään näkönsä ja tulemaan lopulta kokonaan sokeaksi. Silti hän kuitenkin parani täysin Hondurasissa pidetyn Kirkonjohtajien Konferenssin ensimmäisenä päivänä vuonna 2002. Kuultuaan Jumalan sanaa pastori Ricarso pani uskossaan makeaa Muan-vettä silmiensä päälle, ja hänen hämmästyksekseen hänen ympärillään olevat esineet alkoivat muuttua hetki hetkeltä yhä terävämmiksi. Aluksi pastori Ricardo ei voinut uskoa tätä, sillä hän ei ollut odottanut mitään tällaista tapahtuvaksi. Tuona iltana pastori Ricardo otti osaa ristiretken ensimmäiseen osaan silmälasit päässä. Sitten yhtäkkiä linssi putosi hänen silmälaseistaan ja hän kuuli Pyhän Hengen äänen. Se sanoi: "Jos sinä et ota silmälasejasi pois sinä tulet sokeaksi". Pastori Ricardo otti lasinsa pois ja yhtäkkiä hän tajusi että hän näkönsä oli terävä. Hänen näkönsä palautui ennalleen ja pastori Ricardo ylisti Jumalaa suuresti.

Nairobin Manmin kirkossa Keniassa eräs Kombo-niminen nuori mies vieraili noin 400 kilometrin päässä kirkosta olevassa kotikaupungissaan. Tämän vierailun aikana hän levitti evankeliumia perheelleen ja kertoi heille kuinka ihmeellisiä Jumalan töitä Manminin Keskuskirkossa Soulissa tapahtui. Hän rukoili perheensä kanssa nenäliinan päällä jonka päällä minä olin rukoillut. Lisäksi Kombo antoi perheelleen kirkon painaman kalenterin.

Sen jälkeen kun Kombon sokea isoäiti oli kuullut hänen lapsenlapsensa julistamaa evankeliumia hän ajatteli itsekseen kalenteria käsissään pitäen: "Minäkin tahtoisin nähdä Dr. Jaerock Leen valokuvan". Seuraavaksi tapahtui todellinen ihme. Samantien kun Kombon isoäiti aukaisi kalenterin hän saattoi nähdä siinä olevan valokuvan. Halleluja! Kombon perhe koki henkilökohtaisesti sen voiman joka avaa sokeiden silmät, ja he kaikki uskoivat elävään Jumalaan. Kun uutinen tästä levisi kylän läpi sen asukkaat pyysivät että heidän kyläänsä perustettaisiin uusi kirkon haara.

Lukemattomien voimallisten tekojen johdosta maailmassa on nyt tuhansia Manminin kirkon haarakirkkoja, ja pyhyyden evankeliumia saarnataan maailman joka kolkassa. Kun sinä tunnustat ja uskot Jumalan voiman tekoja, myös sinusta voi tulla Hänen siunaustensa perijä.

Aivan kuten Jeesuksenkin aikoina, myös nykyään monet ihmiset tuomitsevat, arvostelevat ja puhuvat Pyhää Henkeä vastaan sen sijaan että he iloitsisivat yhdessä ja kirkastaisivat Jumalaa. Meidän täytyy ymmärtää että tämä on kauhistuttava synti, kuten Jeesus erityisesti mainitsi Matteuksen luvuissa 12:31-32: *"Sentähden minä sanon teille: jokainen synti ja pilkka annetaan ihmisille anteeksi, mutta Hengen pilkkaamista ei anteeksi anneta. Ja jos joku sanoo sanan Ihmisen Poikaa vastaan, niin hänelle annetaan anteeksi; mutta jos joku sanoo jotakin Pyhää Henkeä vastaan, niin hänelle ei anteeksi anneta, ei tässä maailmassa eikä tulevassa".*

Meidän täytyy tunnustaa Jumalan työt ja haluta Hänen töitään Johanneksen 9. luvussa olevan sokean miehen tavoin jotta me emme vastustaisi Pyhän Hengen töitä, vaan sen sijaan voisimme koke Jumalan voiman ihmeellisiä töitä. Jotkut ihmiset tulevat kokemaan Jumalan töitä kun taas toiset eivät, ja tämä tapahtuu sen mukaisesti kuinka ihmiset ovat valmistaneet itsestään uskossa astioita vastausten saamiseksi.

Psalmi 18:25-26 sanoo meille: *"Hurskasta kohtaan sinä olet hurskas, nuhteetonta kohtaan nuhteeton; puhdasta kohtaan sinä olet puhdas, mutta kieroa kohtaan nurja"*. Minä rukoilen meidän Herramme Jeesuksen Kristuksen nimessä, että kaikista teistä tulisi Jumalan siunausten perijöitä uskomalla meidät meidän tekojemme mukaan palkitsevaan Jumalaan ja esittämällä Hänelle teidän uskon tekonne!

Sanoma 7

Ihmiset tulevat nousemaan, hyppimään ja kävelemään

- Halvaantunut kuulee uutisia Jeesuksesta
- Halvaantunut mies ja hänen ystävänsä saapuvat Jeesuksen eteen
- Me voimme saada vastauksia sen jälkeen kun me ratkaisemme synnin ongelman
- Halvaantunut mies kävelee Jumalan voimalla
- Esimerkkejä nousemisesta, hyppimisestä ja kävelemisestä
- Jaloille nouseminen yhdeksän pyörätuolissa vietetyn vuoden jälkeen
- Pyörätuolista nouseminen nenäliinarukouksen jälkeen
- Ganesh heittää pois hänen kainalosauvansa
   2002 Ihmeparantumisen Rukousfestivaaleissa Intiassa
- Nainen nousee pyörätuolista Dubaissa

Mark. 2:3-12

*Ja he tulivat tuoden hänen tykönsä halvattua, jota
kantamassa oli neljä miestä, ja kun he väentungokselta
eivät päässeet häntä tuomaan hänen tykönsä, purkivat
he katon siltä kohdalta, missä hän oli, ja kaivettuaan
aukon laskivat alas vuoteen, jossa halvattu makasi. Kun
Jeesus näki heidän uskonsa, sanoi hän halvatulle:
"Poikani, sinun syntisi annetaan anteeksi". Mutta siellä
istui muutamia kirjanoppineita, ja he ajattelivat
sydämessään: "Kuinka tämä näin puhuu? Hän pilkkaa
Jumalaa. Kuka voi antaa syntejä anteeksi paitsi Jumala
yksin?" Ja heti Jeesus tunsi hengessänsä, että he
mielessään niin ajattelivat, ja sanoi heille: "Miksi
ajattelette sellaista sydämessänne?" Kumpi on
helpompaa, sanoako halvatulle: 'Sinun syntisi annetaan
anteeksi', vai sanoa: 'Nouse, ota vuoteesi ja käy'? Mutta
tietääksenne, että Ihmisen Pojalla on valta maan päällä
antaa syntejä anteeksi, Niin-hän sanoi halvatulle-.
"minä sanon sinulle: nouse, ota vuoteesi ja mene
kotiisi". Silloin hän nousi, otti kohta vuoteensa ja meni
ulos kaikkien nähden, niin että kaikki hämmästyivät ja
ylistivät Jumalaa sanoen: "Tämänkaltaista emme ole
ikinä nähneet".*

Raamattu kertoo meille että Jeesuksen aikoina monet täysin parannetuiksi tulleet halvaantuneet tai rampaantuneet ylistivät suuresti Jumalaa. Jumala lupasi meille Jesajan jakeessa 35:6 seuraavasti: *"Silloin rampa hyppii niinkuin peura ja mykän kieli riemuun ratkeaa; sillä vedet puhkeavat erämaahan ja aromaahan purot"* ja uudelleen Jesaja 49:8:ssa: *"Otollisella ajalla minä olen sinua kuullut ja pelastuksen päivänä sinua auttanut; minä olen valmistanut sinut ja pannut sinut kansoille liitoksi, kohottamaan ennalleen maan, jakamaan hävitetyt perintöosat".* Jumala ei ainoastaan vastaa meille vaan Hän myös johdattaa meidät pelastukseen.

Tätä todistetaan väsymättä Manminin Keskuskirkossa, jossa Jumalan ihmeellisen voiman tekojen kautta lukemattomat potilaat ovat alkaneet taas kävellä, nousten ylös pyörätuoleistaan ja heittäen pois kainalosauvansa.

Minkälaisen uskon kanssa Markuksen 2. luvassa kuvattu halvaantunut mies tuli Jeesuksen eteen ja sai Häneltä pelastuksen ja vastausten siunauksen? Minä rukoilen, että ne teistä jotka eivät tällä hetkellä pysty sairauden takia kävelemään tulisivat taas nousemaan, kävelemään ja juoksemaan.

Halvaantunut kuulee uutisia Jeesuksesta

Markuksen 2. luku kertoo halvaantuneesta miehestä jonka Jeesus paransi vieraillessaan Kapernaumissa. Tässä kaupungissa asui köyhä halvaantunut mies joka ei pystynyt edes istumaan ilman muiden apua, ja ainut asia mikä piti hänet hengissä oli että hän ei pystynyt edes kuolemaan omin avuinsa. Tämä mies kuitenkin kuuli uutisia Jeesuksesta joka oli avannut sokeiden silmät, nostanut halvaantuneet jaloilleen, ajanut pois pahoja henkiä ja parantanut ihmisiä erilaisista sairauksista. Kun mies kuuli uutisia Jeesuksesta tämä mies muisti Hänen tekonsa ja tahtoi kovasti tavata Hänet hänen hyvän sydämensä tähden.

Eräänä päivänä tämä halvaantunut mies kuuli että Jeesus oli tulossa Kapernaumiin. Kuinka iloinen ja jännittynyt hänen onkaan täytynyt olla odottaessaan kohtaavansa Jeesuksen? Mies ei kuitenkaan voinut liikkua omin avuinensa, ja niin hänen täytyi pyytää apuun ystäviään voidakseen päästä Jeesuksen luokse. Onneksi myös hänen ystävänsä olivat kuulleet Jeesuksesta, ja niin he lupasivat auttaa tätä.

Halvaantunut mies ja hänen ystävänsä saapuvat Jeesuksen eteen

Halvaantunut mies ja hänen ystävänsä saapuivat taloon jossa

Jeesus oli saarnaamassa, mutta taloa ympäröivän suuren väkijoukon tähden he eivät pystyneet lähestymään ovea, saati sitten astumaan sisälle taloon. Olosuhteet eivät siis sallineet halvaantuneen miehen ja hänen ystäviensä astua Jeesuksen eteen. Heidän on täytynyt puhua väkijoukolle seuraavanlaisesti: "Tehkää tietä, olkaa hyvä! Me kannamme vakavasti sairasta potilasta!" Tästä huolimatta talo ja sen ympäristö olivat täynnä ihmisiä. Jos halvaantuneella miehellä ja hänen ystävillään ei olisi ollut tarpeeksi uskoa, he olisivat saattaneet palata kotiin tapaamatta Jeesusta.

He eivät kuitenkaan antaneet periksi vaan osoittivat sen sijaan uskonsa. Pohdittuaan tapaa jolla he voisivat tavata Jeesuksen halvaantuneen miehen ystävät alkoivat viimeisenä varokeinona kaivaa aukkoa Jeesuksen yllä olevaan kattoon. Halvaantunut mies ja hänen ystävänsä olivat niin epätoivoisia tapaamaan Jeesuksen että he olivat valmiita pyytämään anteeksi talon omistajalta ja korvaamaan hänen vahinkonsa jälkikäteen.

Teot säestävät uskoa, ja uskon teot tulevat esille vasta sitten kun sinä alennat itsesi nöyrin sydämin. Oletko sinä koskaan ajatellut itseksesi tai sanonut itsellesi: "Fyysinen tilani ei salli minun mennä kirkkoon vaikka minä kyllä haluaisin?" Jos halvaantunut mies olisi tunnustanut "Herra, minä uskon että sinä tiedät että minä en voi tulla tapaamaan sinua koska minä olen halvaanut. Minä myös uskon että sinä parannat minut vaikka minä makaankin sängyssäni", ei olisi voitu sanoa että hän olisi osoittanut uskonsa.

Välittämättä itselleen koituvista haitoista tämä halvaantunut mies meni Jeesuksen eteen tullakseen parannetuksi. Mies uskoi ja oli vakuuttunut siitä, että kohdattuaan Jeesuksen hän tulisi parannetuksi, ja tämän tähden hän pyysi ystäviään kantamaan hänet Jeesuksen eteen. Uskonsa ansioista hänen ystävänsä saattoivat palvella halvaantunutta ystäväänsä kaivamalla aukon tuntemattoman miehen talon kattoon.

Jos sinä todellakin uskot että sinä tulet parantumaan Jumalan edessä, niin Hänen eteensä meneminen on osoitus uskostasi.

Tämän tähden halvaantuneen miehen ystävät laskivat Jeesuksen eteen maton jossa tämä makasi sen jälkeen kun he olivat kaivaneet aukon talon kattoon. Tuohon aikaan Israelissa katot olivat tasaisia ja jokaisen talon seinustalla oli rappuset joita pitkin katolle pääsi helposti. Lisäksi talon tiilet olivat helposti siirrettävissä. Nämä seikat sallivat halvaantuneen miehen päästä lähemmäksi Jeesusta kuin kukaan muu.

Me voimme saada vastauksia sen jälkeen kun me ratkaisemme synnin ongelman

Mark. 2:5 kertoo kuinka selvästi Jeesus ilostui halvaantuneen miehen uskon teosta. Miksi Jeesus sanoi hänelle: *"Poikani, sinun syntisi on annettu anteeksi"* juuri ennen kuin Hän paransi tämän? Hän sanoi näin sen tähden, että syntien anteeksiannon täytyy edeltää parantumista.

Exodus 15:26:ssa Jumala sanoo meille seuraavasti: *"Jos sinä kuulet Herraa, Jumalaasi, ja teet, mikä on oikein hänen silmissänsä, tarkkaat hänen käskyjänsä ja noudatat kaikkea hänen lakiansa, niin minä en pane sinun kärsittäväksesi yhtäkään niistä vaivoista, jotka olen pannut egyptiläisten kärsittäviksi, sillä minä olen Herra, sinun parantajasi"*. Tässä "vaivat, jotka olen pannut egyptiläisten kärsittäviksi" viittaa kaikkiin ihmisten tuntemiin sairauksiin. Joten kun me noudatamme Hänen käskyjään ja elämme Hänen Sanansa mukaisesti, Jumala suojelee meitä niin että mikään sairaus ei voi koskaan valloittaa meitä. 5. Mooseksen kirjassa Jumala lupaa meille että niin kauan kun me noudatamme Hänen Sanaansa ja elämme mukaisesti mikään sairaus ei tule tunkeutumaan kehoomme. Joh. 5. luvussa Jeesus sanoi miehelle sen jälkeen kun Hän paransi 38 vuotta sairaana olleen miehen: *"älä enää syntiä tee, ettei sinulle jotakin pahempaa tapahtuisi"* (jae 14).

Kaikki sairaudet ovat lähtöisin synnistä, ja tämän tähden Jeesus antoi halvaantuneelle miehelle hänen syntinsä anteeksi ennenkuin Hän paransi tämän. Jeesuksen eteen meneminen ei kuitenkaan aina johda parantumiseen. Jotta sinä voisit tulla parannetuksi, sinun täytyy ensin katua syntejäsi ja ja kääntyä niistä pois. Jos sinä olet ollut syntinen, sinusta täytyy tulla henkilö joka ei enää tee syntiä; jos sinä olit valehtelija, sinusta täytyy tulla ihminen joka ei enää valehtele; ja jos sinä olet vihannut ihmisiä, sinun täytyy lakata vihaamasta. Jumala antaa anteeksiantamuksen ainoastaan niille jotka noudattavat sanaa. Se, että sinä tunnustat "Minä uskon", ei anna sinulle anteeksiantamusta; tullessamme kirkkauteen Herramme veri tulee puhdistamaan meidät meidät meidän synneistämme automaattisesti (1. Joh. 1:7).

Halvaantunut mies kävelee Jumalan voimalla

Markus 2 kertoo meille, että saatuaan syntinsä anteeksi halvaantunut mies nousi ylös, otti vuoteensa ja käveli ulos kaikkien ympärillä olevien ihmisten nähden. Kun mies oli saapunut Jeesuksen luokse hän oli maannut vuoteessaan. Mies kuitenkin parani samalla hetkellä kun Jeesus sanoi hänelle: *"Poika, sinun syntisi annetaan anteeksi"* (jae 5). Sen sijaan että lain opettajat olisivat iloinneet tämän parantumisen johdosta he alkoivat kinastella. Kun Jeesus sanoi miehelle: "Poika, sinun syntisi annetaan anteeksi", he alkoivat ajatella itsekseen seuraavasti: *"Kuinka tämä näin puhuu? Hän pilkkaa Jumalaa. Kuka voi antaa syntejä anteeksi paitsi Jumala yksin?"* (jae 7)

Sitten Jeesus sanoi heille: *"Miksi ajattelette sellaista sydämessänne? Kumpi on helpompaa, sanoako halvatulle: 'Sinun syntisi annetaan anteeksi', vai sanoa: 'Nouse, ota vuoteesi ja käy"?* *Mutta tietääksenne, että Ihmisen Pojalla on valta maan päällä antaa syntejä anteeksi"* (jakeet 8-10). Sen jälkeen kun Jeesus oli kertonut heille Jumalan säännöistä Hän sanoi halvaantuneelle miehelle: *"Minä sanon sinulle: nouse, ota vuoteesi ja mene kotiisi"* (jae 11). Mies nousi välittömästi seisomaan ja käveli. Toisin sanoen, se, että halvaantunut mies tuli parannetuksi kertoo siitä että hän sai myös syntinsä anteeksi ja että Jumala takaa jokaisen Jeesuksen puhuman sanan. Tämä myös todistaa, että kaikkivaltias Jumala takaa että Jeesus on ihmiskunnan Pelastaja.

Esimerkkejä nousemisesta, hyppimisestä ja kävelemisestä

Joh. 14:11:ssa Jeesus sanoo meille: *"Uskokaa minua, että minä olen Isässä, ja että Isä on minussa; mutta jos ette, niin uskokaa itse tekojen tähden".* Joten meidän tulee uskoa että Isä Jumala ja Jeesus ovat yksi ja sama asia ymmärtämällä kuinka Jeesuksen eteen saapunut halvaantunut mies sai syntinsä anteeksi, nousi ylös, hyppi ja käveli Jeesuksen käskystä.

Seuraavassa jakeessa Joh. 11:12 Jeesus sanoo: *"Totisesti, totisesti minä sanon teille: joka uskoo minuun, myös hän on tekevä niitä tekoja, joita minä teen, ja suurempiakin, kuin ne ovat, hän on tekevä; sillä minä menen Isän tykö".* Minä uskoin

Jumalan sanaan sataprosenttisesti sen jälkeen kun minut oli kutsuttu Jumalan palvelijaksi, ja minä rukoilin ja paastosin useiden päivien ajan saadakseni Hänen voiman. Tämän johdosta Manminin kirkkoon on tulvinut todistuksia siitä kuinka sairaudet, joiden edessä nykyajan lääketiede on antanut periksi ovat tulleet parannetuiksi.

Aina kun kirkko selviytyi sen osaksi koituneista koettelemuksista potilaat parantuivat yhä nopeammin ja yhä vakavammista sairauksista. Suuri joukko ihmisiä on kokenut Jumalan ihmeellisen voiman vuodesta 1993 vuoteen 2004 pidettyjen vuotuisten kaksiviikkoisten Herätyskokousten sekä maailmanlaajuisen Great United-ristiretkien kautta.

Tässä on muutama esimerkki tapauksista jolloin ihmiset ovat nousseet, hyppineet ja kävelleet.

Jaloille nouseminen yhdeksän pyörätuolissa vietetyn vuoden jälkeen

Ensimmäinen todistus koskee diakoni Yoonsup Kimiä. Toukokuussa 1990 hän putosi noin viiden kerroksen korkeudesta tehdessään sähkötöitä Etelä-Korean Taedok Science Townissa. Tämän tapahtuessa Kim ei ollut vielä uskossa.

Heti putoamisen jälkeen hänet vietiin Sun-sairaalaan joka sijaitsee Yoosungissa, Choongnam nimisessä provinssissa. Täällä hän vietti kuusi kuukautta koomassa. Herättyään koomasta hän kuitenkin kärsi sietämättömistä kivuista 11. ja 12. nikaman murtuman ja 4. ja 5. nikaman kohdalla olevan tyrän tähden. Sairaalan lääkärit sanoivat Kimille että tämän tila oli kriittinen. Hän kävi useissa muissa sairaaloissa monta kertaa mutta mikään ei muuttanut tai parantanut hänen tilaansa. Kimillä todettiin ensimmäisen asteen invaliditeetti. Kimin täytyi pitää vyötärönsä ympärillä tukea selkärankansa tähden kaikkina aikoina. Hänen täytyi myös nukkua istuaallaan sillä hän ei voinut maata.

Kimiä evankelioitiin näiden vaikeiden aikojen aikana ja hän tuli Manminiin missä hän aloitti elämän Kristuksessa. Hän otti osaa Taivaallisen Parannuksen Erikoiskokoukseen marraskuussa 1998, ja tällöin hän koki jotakin ihmeellistä. Ennen kokousta hän ei pystynyt olemaan makuulla tai käymään omin avuin edes vessassa. Sen jälkeen kun minä rukoilin hänen puolestaan Kim pystyi kuitenkin nousemaan pyörätuolistaan ja kävelemään kainalosauvoilla.

Tullakseen täysin parannetuksi diakoni Kim otti uskollisesti osaa kaikkiin jumalanpalveluksiin ja kokouksiin, eikä hän koskaan lakannut rukoilemasta. Hän myös paastosi tämän lisäksi 21 päivän ajan valmistautuessaan 7. kaksiviikkoista Herätyskokousta varten toukokuussa 1990. Rukoillessani saarnastuolistani käsin sairaiden puolesta Kim tunsi kuinka vahva valonsäde loisti häneen ja hän näki näyn jossa hän juoksi. Kokouksen toisella viikolla Kimistä tuntui että hänen kehonsa

*"Minun jäykät jalkani ja
vyötäröni...
minun jäykistyvä
sydämeni...*

*Minä en pystynyt
makaamaan,
en pystynyt kävelemään...
keneen minä voin luottaa?*

*Kuka tulee hyväksymään
minut?
Kuinka minä tulen
elämään?"*

Diakoni Yoonsup Kim
selkätuki yllään ja pyörätuolissa istuen

"Halleluja!
Jumala on elossa!
Näetkö kuinka mina kävelen?"

Diakoni Kim riemuitsee
muiden Manminin jäsenten kanssa
sen jälkeen kun hän parantui
Dr. Jaerock Leen
rukousten kautta

olisi keventynyt minun pannessani käteni hänen päällensä. Voima, jonka kaltaista hän ei ollut koskaan ennen edes tuntenut laskeutui häneen kun Pyhän Hengen tuli laskeutui häneen. Hän saattoi heittää pois hänen selkärankaansa tukeneen tuen sekä kainalosauvat ja kävellä sekä liikutella vyötäröään täysin vapaasti. Jumalan voiman avulla diakoni Kim voi kävellä kuin kuka tahansa tavallinen henkilö. Hän jopa ajaa polkupyörällä ja palvelee kirkkoa uskollisesti. Lisäksi diakoni Kim meni naimisiin vähän aikaa sitten ja hän elää erittäin onnellista elämää.

Pyörätuolista nouseminen nenäliinarukouksen jälkeen

Ihmeelliset Raamattuun kirjatut tapahtumat ja ihmeet tapahtuvat Manminissa, ja näiden kautta Jumala kirkastuu entistäkin enemmän. Näiden ihmeiden ja tapahtumien joukkoon kuuluu myös Jumalan voiman näyttäytyminen nenäliinojen kautta.

Ap. t. 19:11-12 sanoo: *"Ja Jumala teki ylen voimallisia tekoja Paavalin kätten kautta, niin että vieläpä hikiliinoja ja esivaatteita hänen iholtansa vietiin sairasten päälle, ja taudit lähtivät heistä ja pahat henget pakenivat pois"*. Samalla tavalla ihmeelliset parantumiset tapahtuvat kun ihmiset vievät sairaiden luokse vaatteitani tai nenäliinoja joiden päällä minä olen rukoillut. Tämän johdosta monet maailman maat ja kansat ovat pyytäneet meitä tekemään nenäliinaristiretkiä heidän alueelleen.

Lisäksi lukemattomat ihmiset Afrikan maissa, Pakistanissa, Indonesiassa, Filippiineillä, Hondurasissa, Japanissa, Kiinassa ja Venäjällä sekä monissa muissa maissa ovat kokeneet "ihmeellisiä tapahtumia" ja ihmeitä.

Huhtikuussa 2001 eräs Manminin pastoreista teki nenäliinaristiretken Indonesiaan jonka aikana lukemattomat ihmiset paranivat ja ylistivät elävää Jumalaa. Näiden ihmisten joukossa oli osavaltion kuvernööri joka oli aikaisemmin ollut pyörätuolissa. Hänen parantumisensa nenäliinarukouksen kautta aiheutti suuren uutistarinan.

Toukokuussa 2003 eräs toinen Manminin pastori teki nenäliinaristiretken Kiinaan. Useiden muiden parantuneiden joukossa oli myös eräs mies joka oli käyttänyt kainalosauvoja 34 vuoden ajan mutta joka tämän jälkeen pystyi kävelemään omin avuin.

Ganesh heittää pois hänen kainalosauvansa 2002 Ihmeparantumisen Rukousfestivaaleissa Intiassa

2002 Ihmeparantumisen Rukousfestivaalit Intiassa sijoittuivat Marina Beach nimiseen paikkaan Chennaissa. Intialaiset ovat pääsääntöisesti hinduja, mutta yli kolme miljoonaa ihmistä kokoontui todistamaan henkilökohtaisesti

Jumalan voiman ihmeellisiä tekoja. Useat heistä kääntyivät kristinuskoon. Ennen tätä ristiretkeä jäykistyneiden luiden vapautuminen ja kuolleiden hermojen herääminen olivat edistyneet hitaasti. Intian ristiretkestä eteenpäin parantumistyö kuitenkin uhmasi ihmiskehon järjestystä.

Näiden parantuneiden joukossa oli 16-vuotias poika nimeltään Ganesh. Hän oli kaatunut polkupyörällä ja loukannut oikeanpuolisen lantionsa. Kodin tiukka taloudellinen tilanne oli estänyt häntä saamasta oikeanlaista hoitoa. Vuoden kuluttua hänen luuhunsa ilmestyi kasvain ja lääkärien täytyi poistaa osa hänen lantiotaan. Lääkärit asensivat ohuen metallilevyn hänen reisiluuhunsa ja lantioon ja he kiinnittivät levyn yhdeksällä naulalla. Näiden naulojen aiheuttama sietämätön kipu tekivät portaiden nousemisen tai kävelemisen ilman kainalosauvoja mahdottomaksi.

Ganesh otti osaa ristiretkeen siitä kuultuaan, ja hän koki Pyhän Hengen tulisia tekoja. Nelipäiväisen ristiretken toisena päivänä Ganesh sai osakseen "Sairaiden puolesta rukoilun", ja hän tunsi kuinka hänen kehonsa kuumeni ikäänkuin se olisi pantu kiehuvaa vettä täynnä olevaan pataan, eikä hän enää tuntenut lainkaan kipua. Hän nousi välittömästi lavalle ja todisti parannuksestaan. Tästä lähtien hän ei ole tuntenut lainkaan kipua kehossaan eikä hän ole käyttänyt kainalosauvoja. Nykyään Ganesh kävelee ja juoksee oman tahtonsa mukaisesti.

*"Minä en tunne enää
kuinka yhdeksän naulaa
painautuvat vasten
lihaani ja luitani!*

*Minä en aikaisemmin pystynyt edes
seisomaan
kivun tähden,
mutta nyt minä voin kävellä!"*

Ganesh pystyy kävelemään
ilman kainalosauvojaan
sen jälkeen kun Dr. Jaerock Lee
rukoili hänen puolestaan

Nainen nousee pyörätuolista Dubaissa

Huhtikuussa 2003 minun ollessani Dubaissa, Yhdistyneissä Arabiemiraateissa, intialaissyntyinen nainen nousi seisomaan pyörätuolistaan heti sen jälkeen kun minä olin rukoillut hänen puolestaan. Hän oli älykäs nainen joka oli opiskellut Yhdysvalloissa. Henkilökohtaisten ongelmien johdosta hän kärsi henkisestä shokista joka yhdistyi hänen kokemansa liikenneonnettomuuden jälkiseurauksiin ja niiden komplikaatioihin.

Nähdessäni tämän naisen ensimmäistä kertaa hän oli kykenemätön puhumaan eikä hänellä ollut tarpeeksi voimia puhumiseen. Hän ei edes pystynyt nostamaan tiputtamiaan silmälaseja maasta. Hän lisäsi, että hän oli ollut liian heikko voidakseen kirjoittaa tai pystyäkseen nostamaan vesilasia. Hän sai hirvittäviä tuskia jos toiset edes koskettivat häntä. Rukouksen jälkeen nainen kuitenkin nousi välittömästi pyörätuolistaan. Jopa minä olin hämmästynyt kun tämä nainen, joka ei ollut muutamaa minuuttia aiemmin kykeneväinen edes puhumaan, nousi ja käveli ulos huoneesta.

Jeremia 29:11 sanoo: *"Sillä minä tunnen ajatukseni, jotka minulla on teitä kohtaan, sanoo Herra: rauhan eikä turmion ajatukset; minä annan teille tulevaisuuden ja toivon"*. Meidän

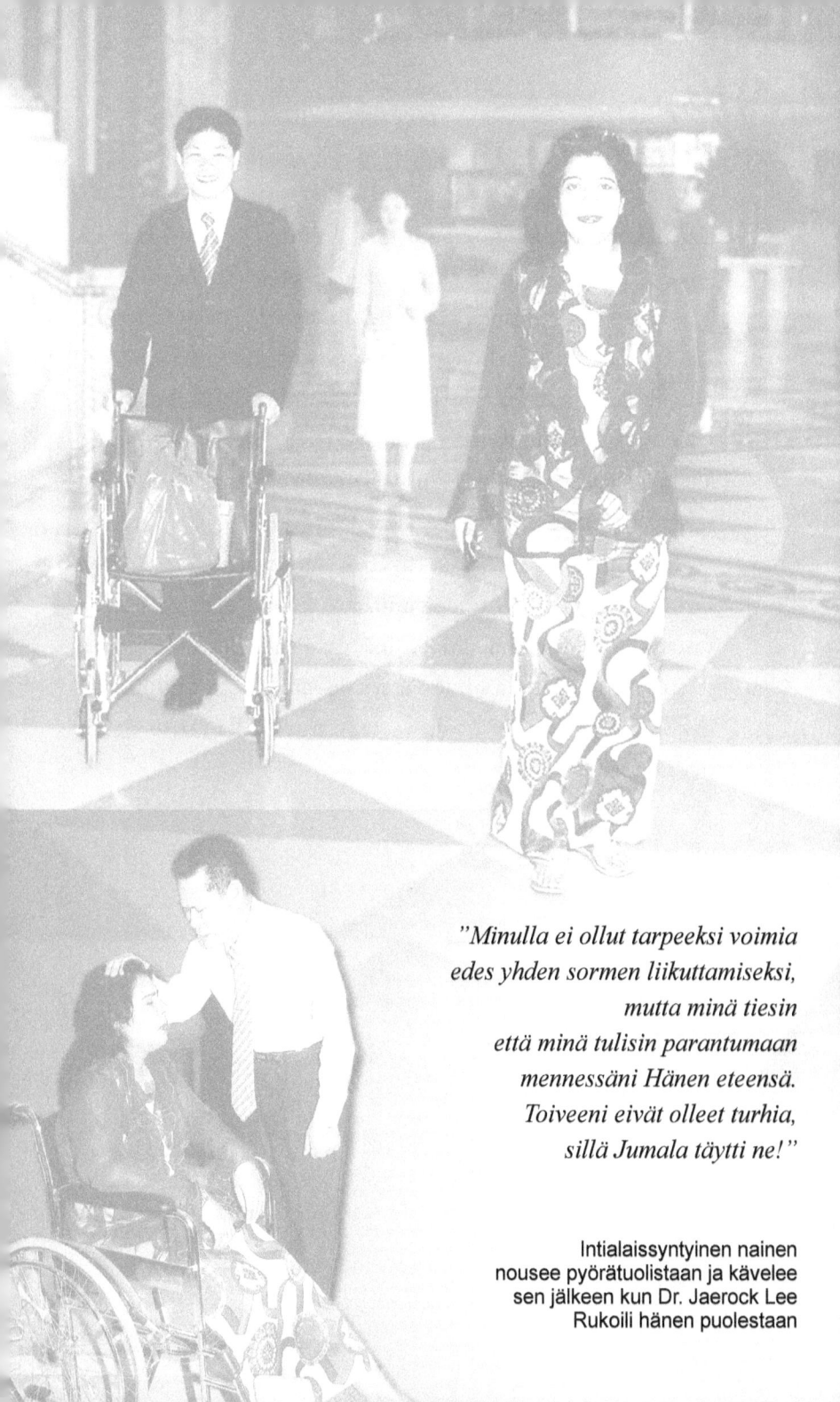

"Minulla ei ollut tarpeeksi voimia edes yhden sormen liikuttamiseksi, mutta minä tiesin että minä tulisin parantumaan mennessäni Hänen eteensä. Toiveeni eivät olleet turhia, sillä Jumala täytti ne!"

Intialaissyntyinen nainen nousee pyörätuolistaan ja kävelee sen jälkeen kun Dr. Jaerock Lee Rukoili hänen puolestaan

Isä Jumalamme on rakastanut meitä niin paljon, että Hän on antanut Hänen ainoan Poikansa meidän puolestamme.

Joten vaikka fyysinen tilasi olisikin tehnyt elämästäsi kurjaa, Isä Jumalaan uskomisen kautta sinä voit silti toivoa eläväsi onnellisen ja terveen elämän. Hän ei tahdo nähdä yhdenkään lapsensa koettelemuksissa tai vaikeuksissa. Lisäksi Hän tahtoo antaa jokaiselle maailmassa olevalle rauhan, iloa, onnellisuutta sekä tulevaisuuden.

Markuksen 2. kirjassa kuvatun halvaantuneen miehen tarinan kautta sinun tulee ymmärtää kuinka sinä voit saada vastauksia sydämesi haluihin. Minä rukoilen meidän Herramme Jeesuksen Kristuksen nimessä, että jokainen teistä valmistaisi uskon astian ja saisi ottaa vastaan mitä tahansa te sitten pyydättekin!

Sanoma 8

Ihmiset tulevat iloitsemaan, tanssimaan ja laulamaan

- Jeesus parantaa miehen joka on mykkä ja kuuro
- Esimerkkejä siitä kuinka Jumala on parantanut kuuroutta Manminissa
- Synnynnäinen kuurous parantuu
- Jennifer ottaa kuulolaitteensa pois vuoden 2002
    Intian Ihmeparannusrukousfestivaalin aikana
- Jotta me voisimme kokea sen voiman joka saa mykät puhumaan
    ja kuurot kuulemaan

Mark. 7:31-37

*Ja hän lähti jälleen Tyyron alueelta ja kulkien Siidonin
kautta tuli Galilean järven ääreen Dekapolin alueen
keskitse. Ja hänen tykönsä tuotiin kuuro, joka oli melkein
mykkä, ja he pyysivät häntä panemaan kätensä hänen
päälleen. Niin hän otti hänet erilleen kansasta, pisti
sormensa hänen korviinsa, sylki ja koski hänen kieleensä
ja katsahti ylös taivaaseen, huokasi ja sanoi hänelle:
"Effata", se on: aukene. Niin hänen korvansa aukenivat,
ja hänen kielensä side irtautui, ja hän puhui selkeästi. Ja
Jeesus kielsi heitä sitä kenellekään sanomasta; mutta mitä
enemmän hän heitä kielsi, sitä enemmän he julistivat. Ja
ihmiset hämmästyivät ylenmäärin ja sanoivat: "Hyvin hän
on kaikki tehnyt: kuurot hän saa kuulemaan ja mykät
puhumaan"...*

Matteus 4:23-24 kuuluu seuraavasti:

Ja hän kierteli kautta koko Galilean ja opetti heidän synagoogissaan ja saarnasi valtakunnan evankeliumia ja paransi kaikkinaisia tauteja ja kaikkinaista raihnautta, mitä kansassa oli. Ja maine hänestä levisi koko Syyriaan, ja hänen luoksensa tuotiin kaikki sairastavaiset, monenlaisten tautien ja vaivojen rasittamat, riivatut, kuunvaihetautiset ja halvatut; ja hän paransi heidät.

Jeesus ei ainoastaan saarnannut Jumalan sanaa ja kuningaskunnan ilosanomaa vaan Hän myös paransi lukemattomia eri sairauksista kärsiviä ihmisiä. Parantamalla sairauksia jotka olivat ihmisvoimien ulottumattomissa Jeesus uursi julistamansa sanan ihmisten sydämiin ja Hän johdatti heidät taivaaseen heidän uskonsa kautta.

Jeesus parantaa miehen joka on mykkä ja kuuro

Markuksen 7. luku kertoo kuinka Jeesus matkusti Tyyrestä Siidoniin ja sieltä Galilean järven kautta Dekapolikseen parantaen matkalla miehen joka oli mykkä ja kuuro. Se, että ihminen on "melkein mykkä" tarkoittaa tässä sitä, että hän änkytti eikä osannut puhua sujuvasti. Tämän kohtauksen mies oli luultavasti oppinut puhumaan joskus lapsuudessaan mutta tullut sitten kuuroksi, jonka johdosta hänestä oli tullut "melkein mykkä".

Yleensä "kuuromykkä" on henkilö joka ei ole oppinut kieltä tai puhumisen taitoa kuurouden tähden, kun taas "bradyacusia" viittaa heikkokuuloisuuteen. Ihmisestä voi tulla kuuromykkä useasta eri syystä. Ensimmäinen näistä on perinnöllinen. Toisessa tapauksessa henkilöstä tulee synnynnäisesti kuuromykkä jos hänen äitinsä kärsii vihurirokosta (rubellasta) tai jos hän ottaa vääriä lääkkeitä raskauden aikana. Kolmannessa tapauksessa jos lapsella todetaan aivokalvontulehdus hänen ollessa kolmen tai neljän vuoden ikäinen – iässä jollon hän oppii puhumaan – hän voi tulla kuuromykäksi. Heikkokuuloisuus voi lieventyä kuulolaitteen avulla jos tärykalvo on esimerkiksi puhjennut. Mikään kuulolaite ei kuitenkaan auta jos vika on kuulohermoissa tai jos henkilö työskentelee meluisissa olosuhteissa tai jos kuulo heikkenee iän karttumisesen johdosta.

Henkilö voi myös tulla kuuromykäksi jos hän on demonien riivaama. Tällaisissa tapauksissa ihminen alkaa kuulla ja puhua samantien jos hengellistä valtaa omaava henkilö ajaa pahat henget ulos. Mark. 9:25-27: ssä Jeesus torui pahaa henkeä joka asui mykässä pojassa: *"Sinä mykkä ja kuuro henki, minä käsken sinua: lähde ulos hänestä, äläkä enää häneen mene"* (jae 25). Paha henki jätti pojan välittömästi ja poika parani saman tien.

Kun Jumalaa tekee Hänen tekojaan mikään sairaus tai heikkous ei tule koskaan olemaan sinulle ongelma tai uhka. Tämän tähden Jeremia 32:27 sanoo: *"Katso, minä olen Herra, kaiken lihan Jumala; onko minulle mitään mahdotonta?"* Psalmi 100:3 kuuluu seuraavasti: *"Tietäkää, että Herra on Jumala. Hän on meidät tehnyt, ja hänen me olemme, hänen kansansa ja hänen laitumensa lampaat"*, kun taas psalmi 94:9 sanoo: *"Joka on korvan istuttanut, hänkö ei kuulisi? Joka on silmän luonut, hänkö ei näkisi?"* Mikään ei ole mahdotonta kun me uskomme koko sydämellämme kaikkivaltiaaseen Isä Jumalaan joka on luonut meidän silmämme ja korvamme. Tämän tähden maahan lihana tulleelle Jeesukselle mikään ei ollut mahdotonta. Markus 7 kertoo meille kuinka Jeesus paransi kuuromykän miehen ja kuinka hänen korvansa aukenivat ja hänen sanansa muuttuivat selviksi.

Raamattuun kirjatut teot tulevat tapahtumaan tänäkin päivänä kun me uskomme Jeesukseen Kristukseen ja pyydämme kypsässä uskossa että Jumala antaisi meille voimaa. Heprealaiskirje 13:8 sanoo tästä: *"Jeesus Kristus on sama eilen ja tänään ja iankaikkisesti"*, kun taas Efesolaiskirje 4:13 muistuttaa että meidän tulee lisätä uskoamme *"kunnes me kaikki pääsemme yhteyteen uskossa ja Jumalan Pojan tuntemisessa, täyteen miehuuteen, Kristuksen täyteyden täyden iän määrään".*

Surkastuneita kehon osia tai hermosolujen kuolemasta johtuvaa kuuroutta tai mykkyyttä ei voida kuitenkaan parantaa parantamisen lahjalla. Vasta sitten kun täyden mitan uskoa Jeesuksessa Kristuksessa omaava henkilö saa Jumalalta vallan ja voiman ja hän rukoilee Jumalan tahdon mukaisesti voi parantuminen tapahtua.

Esimerkkejä siitä kuinka Jumala on parantanut kuuroutta Manminissa

Minä olen todistanut monta kertaa kuinka heikkokuuloisuus on parantunut ja lukemattomat syntymästään saakka kuurot ihmiset ovat saaneet kuulla ensimmäistä kertaa. Eräs kaksikko sai kuulla ensimmäistä kertaa elämässään 55 ja 57 vuoden iässä.

Syyskuussa 2000 olin Nagoyassa, Japanissa järjestämilläni Ihmeparannusfestivaaleilla. Täällä 13 kuulo-ongelmista kärsinyttä ihmistä paranivat sen jälkeen kun minä olin rukoillut heidän puolestaan. Useat Koreassa asuvat kuulovammaiset saivat kuulla tästä, ja monet heistä ottivat osaa 9. kaksiviikkoiseen Herätyskokoukseen toukokuussa 2001 jonka aikana myös he parantuivat ja ylistivät suuresti Jumalaa.

Heidän joukossaan oli eräs 33-2vuotias nainen joka oli ollut

"Elämillä
jotka Sinä olet meille antanut,
me tulemme kävelemään
maan päällä
Sinua kaivaten.

Minun sieluni joka on korkea ja
kaunis
tulee Sinun luoksesi.

Diakonissa Napshim Park ylistää Jumalaa sen jälkeen kun hän
parantui 55 vuotta kestäneestä kuuroudestaan.

kuuromykkä 8-vuotiaana kokemastaan onnettomuudesta lähtien. Tämä nainen valmisti itsensä saamaan vastauksia sen jälkeen kun hänet oli johdatettu kirkkoon hieman ennen vuoden 2001 kokousta. Nainen otti osaa päivittäiseen "Danielin rukouskokoukseen", ja muistaen menneisyytensä synnit hän paransi sydämensä. Valmistauduttuaan vilpittömin sydämin tämä nainen otti osaa Herätyskokoukseen. Kokouksen viimeisen jakson aikana minä asetin käteni kuuromykkien ylle rukoillakseni heidän puolestaan mutta tämä nainen ei tuntenut mitään muutosta. Tästä huolimatta hän ei kuitenkaan ollut pettynyt, vaan sen sijaan hän näki kuinka parantuneet ihmiset todistivat riemuiten parannuksestaan, ja hän uskoi yhä vakaammin että myös hän voisi parantua.

Jumala piti tätä uskona ja hän paransi naisen pian kokouksen päätyttyä. Minä olen nähnyt kuinka Jumalan voima näyttäytyy jopa Herätyskokouksen jälkeenkin. Naisen kuulotesti todistaa lisäksi kuinka hänen molemmat korvansa ovat parantuneet täysin. Halleluja!

Synnynnäinen kuurous parantuu

Jumalan voimat ovat näyttäytyneet vuosi vuodelta yhä voimallisemmin. Vuoden 2002 Hondurasissa pidetyn Ihmeparannusristiretken aikana lukemattomat kuurot ja mykät ihmiset saivat kuulla ja puhua. Ristiretken turvallisuushenkilöstön johtajan tytär täyttyi innolla ja kiitollisuudella kun hän parantui elinikäisestä kuuroudestaan.

Toinen tämän 8-vuotiaan Madeline Yaimin Bartresin korvista ei ollut kasvanut kunnolla ja tämän johdosta hän oli menettänyt kuulonsa asteittain. Kuultuaan ristiretkestä Madeline rukoili isäänsä että tämä veisi hänet sinne. Hän sai osakseen runsaan armon ylistyshetken aikana ja hänen kuulonsa parani sen jälkeen kun minä olin rukoillut sairaiden puolesta. Jumala siunasi tätä lasta tällä tavoin sen tähden että hänen isänsä oli työskennellyt uskollisesti ristiretken puolesta.

Jennifer ottaa kuulolaitteensa pois vuoden 2002 Intian Ihmeparannusrukousfestivaalin aikana

Me emme pystyneet kirjaamaan ylös kaikkia niitä lukemattomia todistuksia parantumisista Intian ristiretken jälkeen, mutta me emme voi olla kiittämättä ja ylistämättä Jumalaa kuultuamme vain muutamaa valittua tapausta. Näihin tapauksiin lukeutuu myös tarina Jennifer-nimisestä tytöstä joka oli ollut syntymästään saakka sekä kuuro että mykkä. Lääkäri ehdotti hänelle että hän pitäisi kuulolaitetta auttaakseen hänen kuuloaan, mutta hän muistutti että tytön kuulo ei olisi täydellinen edes laitteen kanssa.

Jenniferin äiti rukoili joka päivä tytön parantumisen puolesta ja he ottivat osaa ristiretkeen. Äiti ja tytär istuivat erään kaiuttimen lähellä sillä siitä kuuluvan äänen voimakkuus ei häirinnyt Jenniferiä. Ristiretken viimeisenä päivänä he eivät löytäneet itselleen paikkaa kaiuttimien läheltä yleidön suuren lukumäärän johdosta. Seuraavaksi tapahtui jotakin uskomatonta. Heti sen jälkeen kun minä olin saanut sairaiden rukouksen päätökseen Jennifer sanoi äidilleen että ääni oli liian voimakas ja hän pyysi äitiään ottamaan kuulolaitteen pois. Halleluja!

Parannusta edeltävien lääkärintodistusten perusteella Jenniferin kuulo ei reagoinut edes kaikista voimakkaimpiin ääniin ilman kuulolaitetta. Toisin sanoen, Jennifer oli menettänyt 100 prosenttia kuulostaan. Rukouksen jälkeen kuitenkin havaittiin että 30-50 prosenttia hänen kuulostaan oli palautunut. Seuraava on korva- nenä-ja kurkkutautiopin erikoislääkäri Christinan arvio Jenniferistä:

Minä tutkin Jenniferin, 5, C.S.I. Kalyanin erikoissairaalassa voidakseni arvioida hänen kuulonsa tason. Keskusteltuani ja tutkituani Jenniferin minä tulin siihen johtopäätökseen että hänen kuulonsa oli parantunut merkittävästi rukouksen jälkeen. Myös Jenniferin äidin mielipide on varteenotettava. Hän on huomannut saman kuin minä: Jenniferin kuulo on selvästi parantunut huomattavasti. Tällä hetkellä Jennifer voi kuulla

CHURCH OF SOUTH INDIA Phone : 857 11 01
859 23 08

MADRAS DIOCESE

C. S. I. KALYANI MULTI SPECIALITY HOSPITAL

15, Dr. Radhakrishnan Salai, Chennai-600 004. (South India)

Ref. No. Date. 15/10/02

To whom it may concern.

Miss Jennifer aged 5 yrs has been examined by me at CSI Kalyani hospital for her hearing.

After interacting with the child and observing her and after examining this child, I have come to the conclusion that Jennifer has definitely good hearing improvement now than before she was prayed for. Her mothers observation of her child is far more important and the mother has definitely noticed marked improvement in her childs hearing ability. Jennifer hears much better without the hearing aid, responding to her name being called when as previously she was not, without the aid and

Audiogram result : Moderate to severe sensori-neural hearing loss i.e 50% - 70% hearing loss. Chennai

Christa(...)

Medical Officer,
C. S. I. KALYANI GENERAL HOSPITAL
(...)

hyvin ilman kuulolaitetta ja hän vastaa kun ihmiset kutsuvat hänen nimeään. Näin ei kuitenkaan ollut ilman kuulolaitteen apua ennen rukousta.

Jumalan voima tulee näyttäytymään täysin varmasti niille jotka valmistavat sydämensä uskossa. On tietenkin useita tapauksia joissa potilaan tila on parantunut päivä päivältä niin kauan kun he ovat eläneet Kristuksessa.

Usein Jumala ei anna täydellistä parannusta saman tien niille jotka ovat olleet kuuroja lapsuudestaan lähtien. Kaikkien äänien kuulemisen kestäminen olisi heille vaikeaa jos he yhtäkkiä pystyisivät kuulemaan kaiken parantumisensa hetkellä. Jumala saattaa kuitenkin parantaa heidän kuulonsa yhdellä kertaa jos he ovat menettäneet sen vasta myöhemmässä vaiheessa elämäänsä, sillä tällaisissa tapauksissa ääniin sopeutuminen ei kestä yhtä kauan. Tällaisissa tapauksissa ihmiset saattavat olla aluksi hämmentyneitä mutta päivän tai parin jälkeen he rauhoittuvat ja tottuvat taas kuulemaan.

Huhtikuussa 2003 minä tapasin Arabiemiraattien Dubaissa 32-vuotiaan naisen joka oli menettänyt puhekykynsä kärsittyään kaksivuotiaana aivokalvontulehduksesta. Sen jälkeen kun minä oli rukoillut hänen puolestaan hän sanoi minulle "Kiitos!" Minä pidin hänen lausumiaan sanoja pelkkänä kiitollisuudenosoituksena kunnes hänen vanhempansa kertoivat minulle että kolme vuosikymmentä oli kulunut siitä kun hän oli viimeksi lausunut sanan "kiitos".

Jotta me voisimme kokea sen voiman joka saa mykät puhumaan ja kuurot kuulemaan

Markus 7:33-35 kuuluu seuraavasti:

Niin hän otti hänet erilleen kansasta, pisti sormensa hänen korviinsa, sylki ja koski hänen kieleensä ja katsahti ylös taivaaseen, huokasi ja sanoi hänelle: "Effata", se on: aukene. Niin hänen korvansa aukenivat, ja hänen kielensä side irtautui, ja hän puhui selkeästi.

Tässä "Effata" tarkoittaa hepreaksi "aukene". Jeesuksen komentaessa luomisen alkukielellä miehen korvat aukenivat ja hänen kielensä heltyi.

Miksi Jeesus sitten pani sormensa miehen korviin ennen kuin hän sanoi "effata"? Roomalaiskirje 10:17 sanoo seuraavasti: *"Usko tulee siis kuulemisesta, mutta kuuleminen Kristuksen sanan kautta".* Uskon omaaminen ei ollut miehelle helppoa sillä hän ei pystynyt kuulemaan. Mies ei myöskään saapunut Jeesuksen eteen tullakseen parannetuksi, vaan sen sijaan toiset ihmiset toivat hänet Jeesuksen eteen. Laittamalla sormensa miehen korviin Jeesus auttoi miestä omaamaan uskoa antamalla tämän tuntea Hänen sormensa.

Me voimme tuntea Jumalan voiman vasta sitten kun me ymmärrämme sen hengellisen merkityksen joka piiloutuu tähän kohtaukseen jossa Jeesus osoittaa Jumalan voiman. Mitä tiettyjä askeleita meidän tulee sitten ottaa?

Ensiksi, meidän tulee omata uskoa tullaksemme parannetuksi

Parantamisen tarpeessa olevan henkilön täytyy omata uskoa vaikka se sitten olisikin vähäistä. Toisin kuin Jeesuksen aikoina, nykyään sivilisaation kehittymisen johdosta on olemassa useita tapoja joilla kuulovammaiset voivat oppia evankeliumia. Viittomakieli on yksi näistä. Jo muutaman vuoden ajan kaikki Manminin saarnat ja sanomat on käännetty myös viittomakielelle. Lisäksi aikaisempia sanomia päivitetään jatkuvasti viittomakielelle kirkon verkkosivustolla.

On myös useita muita välineitä joiden avulla sinä voit omata uskoa jos sinä olet päättäväinen. Näihin lukeutuvat niin kirjat, uutislehdet, sanomalehdet, videot kuin kasetitkin. Saavutettuasi uskon sinä saat kokea Jumalan voiman. Minä olen välittänyt useita todistuksia auttaaksesi sinua saavuttamaan uskon.

Seuraavaksi, meidän tulee saada syntimme anteeksi

Miksi Jeesus sylki ja koski miehen kieltä sen jälkeen kun Hän oli pannut sormensa miehen korviin? Tämä ele symboloi hengellisesti veden kastetta ja se oli välttämätöntä miehen syntien anteeksiantamiseksi. Veden kaste tarkoittaa sitä, että meidät puhdistetaan synneistämme Jumalan sanan kautta, joka on kirkkaan veden kaltaista. Voidaksemme kokea Jumalan voiman meidän tulee ensin ratkaista synnin ongelma. Sen sijaan että Jeesus olisi puhdistanut miehen vedellä Hän korvasi tämän syljellä, ja siten Hän symboloi miehen syntien anteeksiantamista. Jesaja 59:1-2 sanoo: *"Katso, ei Herran käsi ole liian lyhyt auttamaan, eikä hänen korvansa kuuro kuulemaan: vaan teidän pahat tekonne erottavat teidät Jumalastanne, ja teidän syntinne peittävät teiltä hänen kasvonsa, niin ettei hän kuule"*. Jumala lupaa meille 2. Aikakirjan jakeessa 7:14 seuraavasti: *"Minun kansani, joka on otettu minun nimiini, nöyrtyy, ja he rukoilevat ja etsivät minun kasvojani ja palajavat pahoilta teiltänsä, niin minä kuulen taivaasta ja annan anteeksi heidän syntinsä ja teen heidän maansa jälleen terveeksi"*. Ennen kuin sinä voit saada vastauksia Jumalalta sinun täytyy katsoa menneisyyttäsi totuudenmukaisesti, parantaa sydämesi ja katua.

Mitä meidän tulisi katua Jumalan edessä?

Ensinnäkin, sinun tulee katua sitä että sinä et ole uskonut Jumalaan ja ottanut Jeesusta Kristusta vastaan. Jakeessa Joh. 16:9

Jeesus sanoo meille, että Pyhä Henki tulee tuomitsemaan maailman synnin koska ihmiset eivät usko Häneen. Sinun täytyy ymmärtää että on syntiä jos sinä et ota Jeesusta Kristusta vastaan, ja siten sinun tulee uskoa Herraan ja Jumalaan.

Toiseksi, sinun täytyy katua jos sinä et ole rakastanut veljeäsi. 1. Joh. 4:11 sanoo meille: *"Rakkaani, jos Jumala on näin meitä rakastanut, niin mekin olemme velvolliset rakastamaan toinen toistamme".* Jos sinun veljesi vihaa sinua sinun täytyy olla ymmärtäväinen ja antaa hänelle anteeksi sen sijaan että sinä vihaisit häntä takaisin. Sinun täytyy rakastaa myös vihollistasi, ajaa ensin hänen etuaan sekä ajatella ja käyttäytyä tavalla joka ottaa huomioon myös hänen asemansa. Jumala on sinua kohtaan myötätuntoinen ja sinä saat osaksesi Hänen armonsa ja parantamisen lahjan kun sinä opit rakastamaan kaikkia.

Kolmanneksi, sinun täytyy katua jos sinä olet rukoillut omaa etuasi ajatellen. Jumala ei ilostu niistä jotka rukoilevat itsekkäin motiivein. Hän ei tule vastaamaan sinulle. Sinun täytyy rukoilla Jumalan tahdon mukaisesti jo tästä päivästä lähtien.

Neljänneksi, sinun täytyy katua jos sinä olet rukoillut epäillen. Juud. 1:6-7 sanoo: *"Mutta anokoon uskossa, ollenkaan epäilemättä; sillä joka epäilee, on meren aallon kaltainen, jota tuuli ajaa ja heittelee. Älköön sellainen ihminen luulko Herralta mitään saavansa".* Tämän mukaisesti meidän tulee miellyttää Häntä rukoilemalla uskossa. Heprealaiskirje 11:6 muistuttaa meitä: *"Mutta ilman uskoa on mahdoton olla otollinen".* Heitä siis epäilyksesi pois ja ano ainoastaan uskossa.

Viidenneksi, sinun täytyy katua jos sinä et ole pitänyt Jumalan käskyjä. Jeesus sanoo meille Joh. 14:21:ssa: *"Jolla on minun käskyni ja joka ne pitää, hän on se, joka minua rakastaa; mutta joka minua rakastaa, häntä minun Isäni rakastaa, ja minä rakastan häntä ja ilmoitan itseni hänelle".* Sinä voit saada Jumalalta vastauksia kun sinä todistat Hänelle rakkautesi noudattamalla Hänen käskyjään. Ajoittain uskovat joutuvat liikenneonnettomuuksiin. Tämä johtuu siitä, että he eivät ole pyhittäneet Herran lepopäivää tai maksaneet täysiä kymmenyksiä. He eivät ole noudattaneet kristittyjen kaikkein perimmäisiä sääntöjä – kymmentä käskyä – ja siten heitä ei ole suljettu Jumalan suojelukseen. Jotkut Hänen käskyjään uskollisesti noudattavat uskovat joutuva silti liikenneonnettomuuksiin omien virheidensä tähden. Tällaisissa tapauksissa ihmiset säilyvät usein vahingoittumattomina vaikka heidän autonsa ovatkin täysin romuttuneita. Tämä johtuu siitä että Jumala rakastaa heitä ja Hän näyttää heille todisteen Hänen rakkaudestaan.

Ihmiset, jotka eivät ole tunteneet Jumalaa parantuvat usein nopeasti sen jälkeen kun heidän puolestaan on rukoiltu. Tämä johtuu siitä että se että he ovat tulleet kirkkoon on itsessään uskon teko, ja tämän tähden Jumala tekee työtään heissä. Jos ihmiset omaavat uskoa ja he ovat tietoisia totuudesta mutta siitä huolimatta eivät tottele Jumalan käskyjä eivätkä elä Hänen sanansa mukaisesti, he rakentavat muurin itsensä ja Jumalan välille ja tämän tähden he eivät saa osakseen parannusta. Syy siihen, että Jumala tekee paljon töitään ei-uskovaisten joukossa ulkomaille suuntautuvien Great United- ristiretkien aikana on se, että Jumalan silmissä se että vääriä jumalia palvovat ihmiset ottavat osaa ristiretkiin on itsessään uskon teko.

Kuudenneksi, sinun täytyy katua jos sinä et ole kylvänyt. Galatalaiskirje 6:7 sanoo meille; *"sillä mitä ihminen kylvää, sitä hän myös niittää"*. Sinun täytyy ensin ottaa tunnollisesti osaa jumalanpalveluksiin jos sinä tahdot kokea Jumalan voiman. Muista, että kun sinä kylvät kehollasi, sinä saat terveyden siunauksia, ja kun sinä kylvät vauraudellasi, sinä saat vaurauden siunauksia. Joten jos sinä olet tahtonut korjata ilman kylvämistä, sinun täytyy katua tätä.

1. Joh. 1:7 kuuluu seuraavasti: *"Mutta jos me valkeudessa vaellamme, niinkuin hän on valkeudessa, niin meillä on yhteys keskenämme, ja Jeesuksen Kristuksen, hänen Poikansa, veri puhdistaa meidät kaikesta synnistä"*. Muista myös Jumalan lupaus 1. Joh. 1:9:ssä: *"Jos me tunnustamme syntimme, on hän*

uskollinen ja vanhurskas, niin että hän antaa meille synnit anteeksi ja puhdistaa meidät kaikesta vääryydestä". Pidä huoli siitä että sinä katsot menneisyyteesi, kadut ja kuljet kirkkaudessa.

Minä rukoilen Herramme Jeesuksen Kristuksen nimessä, että sinä saisit osaksesi Jumalan myötätunnon ja että sinä saisit osaksesi kaiken mitä sinä Häneltä pyydät, ja että sinä saisit Hänen voimansa kautta terveyden siunauksen ja että sinua siunattaisiin kaikilla elämäsi aloilla!

Sanoma 9

Jumalan virheetön suunnitelma

- Rakkauden Jumala tahtoo pelastaa jokaisen sielun
- Jumalan voimaa levitetään aikojen lopussa
- Raamattuun kirjatut lopun ajan merkit
- Lopun aikojen ennustukset ja Jumalan suunnitelma
  Manminin Keskuskirkon varalle

Deuteronomy 26:16-19

*Tänä päivänä Herra, sinun Jumalasi, käskee sinun
seurata näitä käskyjä ja oikeuksia; noudata ja seuraa
niitä kaikesta sydämestäsi ja kaikesta sielustasi. Sinä
olet tänään kuullut Herran, sinun Jumalasi, julistavan,
että hän tahtoo olla sinun Jumalasi ja että sinun on
vaellettava hänen teitänsä ja noudatettava hänen
käskyjänsä, säädöksiänsä ja oikeuksiansa sekä kuultava
häntä. Ja Herra on kuullut sinun tänä päivänä
julistavan, että sinä tahdot olla hänen
omaisuuskansansa, niinkuin hän on sinulle puhunut, ja
noudattaa kaikkia hänen käskyjänsä, että hän asettaisi
sinut korkeammaksi kaikkia luomiansa kansoja,
ylistykseksi, kunniaksi ja kiitokseksi, ja että olisit
Herralle, sinun Jumalallesi, pyhitetty kansa, niinkuin
hän on puhunut.*

Jos ihmisiltä kysyttäisiin mikä on kaikista suurinta rakkautta, monet heistä vastaisivat että vanhemman rakkaus, ja erityisesti äidin rakkaus vastasyntynyttä lastansa kohtaan. Jesaja 49:15 kuitenkin sanoo: *"Unhottaako vaimo rintalapsensa, niin ettei hän armahda kohtunsa poikaa? Ja vaikka he unhottaisivatkin, minä en sinua unhota".* Jumalan ylitsevuotavaa rakkautta ei voida verrata edes äidin vastasyntynyttä lastaan kohtaan tuntemaan rakkauteen.

Rakkauden Jumala tahtoo jokaisen ihmisen saavuttavan pelastuksen ja nauttivan ikuisesta elämästä, siunauksista ja taivaan ihmeellisistä iloista. Tämän tähden Hän johdattaa Hänen lapsensa koettelemuksista ja vaikeuksista ja tahtoo antaa heille kaiken mitä he pyytävät. Jumala myös johdattaa jokaisen meistä elämään siunatun elämän sekä maan päällä että tulevassa ikuisessa elämässä.

Jumala on sallinut rakkaudessaan meidän tuntea Hänen voimansa ja nähdä Hänen profetioitaan, ja niiden avulla me tutkimme seuraavaksi kuinka Jumala johdattaa Manminin Keskuskirkkoa.

Rakkauden Jumala tahtoo pelastaa jokaisen sielun

2. Piet. 3:3-4 kuuluu seuraavasti:

Ja ennen kaikkea tietäkää se, että viimeisinä päivinä tulee pilkkapuheinensa pilkkaajia, jotka vaeltavat omien himojensa mukaan ja sanovat: "Missä on lupaus hänen tulemuksestansa? Sillä onhan siitä asti, kuin isät nukkuivat pois, kaikki pysynyt, niinkuin se on ollut luomakunnan alusta".

Monet ihmiset eivät usko meitä kun me kerromme heille aikojen lopusta. Aurinko on noussut ja laskenut ja ihmiset ovat syntyneet ja kuolleet sivilisaation kehittyessä, ja monet ihmiset olettavat että kaikki tulee jatkumaan samalla tavalla hamaan tulevaisuuteenn.

Ihmisen elämässä on sekä alku että loppu, ja samalla tavalla ihmiskunnan historiallakin on oma alkunsa sekä myös loppunsa. Kun Jumalan valitsema hetki koittaa, kaikki maailmankaikkeudessa oleva tulee loppumaan. Kaikki Aatamin ajoista lähtien eläneet ihmiset tulevat tuomituiksi, ja he tulevat astumaan joko taivaaseen tai helvettiin sen mukaan kuinka he ovat elämänsä maan päällä eläneet.

Jeesukseen Kristukseen uskoneet ja Jumalan sanan mukaan eläneet ihmiset tulevat pääsemään taivaaseen. Ihmiset, jotka eivät ole uskoneet edes sen jälkeen kun heille on julistettu evankeliumia ja ihmiset, jotka eivät elä Jumalan sanan mukaan vaan sen sijaan elävät synnissä ja pahuudessa tulevat joutumaan helvettiin vaikka he sitten tunnustaisivatkin uskovansa Herraan. Tämän tähden Jumala on niin halukas välittämään evankeliumia koko maailman halki mahdollisimman pikaisesti, jotta jokainen mahdollinen sielu tulisi pelastetuksi.

Jumalan voimaa levitetään aikojen lopussa

Tässä on syy siihen, että Jumala on perustanut Manminin Keskuskirkon ja näyttänyt Hänen ihmeellisiä voimiaan. Näyttämällä voimansa Jumala tahtoo todistaa todellisen Jumalan olemassaolon sekä kertoa ihmisille taivaan ja helvetin olemassaolosta. Jeesus sanoi meille jakeessa Joh. 4:48: *"Ellette näe merkkejä ja ihmeitä, te ette usko"*. Tämä on totta erityisesti aikana, jolloin synti ja pahuus ovat voimissaan ja tiede ja tietoisuus edistyvät, sillä tällöin ihmisen ajatuksia vahvemman voiman työt ovat yhä tarpeellisempia. Tämän tähden Jumala kurittaa sekä siunaa Manminia yhä suuremmilla voimilla aikojen lopussa.

Myös Jumalan suunnittelema ihmiskunnan kasvatus lähestyy loppuaan. Voima on tarpeellinen väline joka voi pelastaa kaikki ne ihmiset joilla on mahdollisuus pelastua ennen kuin Jumalan valitsema hetki koittaa. Vain voiman avulla yhä useampia ihmisiä voidaan johdattaa pelastukseen yhä nopeammalla tahdilla.

Jatkuvien vainojen ja vaikeuksien tähden evankeliumin levittäminen eräissä maissa on hyvin vaikeaa. On myös ihmisiä, jotka eivät ole koskaan kuulleet evankeliumista. Edes Herraan tunnustavien ihmisten joukossa todellista uskoa omaavien ihmisten lukumäärä ei ole niin korkea kuin yleensä kuvitellaan. Jeesus kysyy meiltä Luukaksen jakeessa 18:8: *"Kuitenkin, kun Ihmisen Poika tulee, löytäneekö hän uskoa maan päältä?"* Monet ihmiset käyvät kyllä kirkossa mutta maailmallisten ihmisten tavoin he jatkavat synnissä elämistä.

Monien ulkomaille suuntautuvien julistusmatkojen aikana minä olen käynyt maissa joissa evankelisointi ja saarnaaminen on kiellettyä ja kirkot ovat vainottuja. Minä olen todistanut kuinka lukemattomat sielut ovat kääntyneet ja tulleet pelastetuiksi sekä sellaisissa maissa kuin Pakistan ja Arabiemiraatit, joissa islam on voimissaan, että hinduvoittoisessa Intiassa. Näin käy kun kristityt todistavat Jeesuksesta Kristuksesta ja näyttävät todisteita joiden avulla ihmiset voivat uskoa elävään Jumalaan. Koettuaan Jumalan voiman tekoja ihmiset ottavat Jeesuksen Kristuksen vastaan pelkäämättä laillisia seuraamuksia vaikka he olisivatkin palvoneet aiemmin vääriä jumalia. Tämä todistaa Jumalan voimien rajattomasta voimasta.

Maanviljelijä korjaa satonsa sen kypsyttyä, ja samalla tavalla Jumala näyttää ihmeellisiä voimiaan jotta Hän voisi korjata kaikki ne sielut jotka ovat tuleva pelastetuiksi viimeisten päivien aikana.

Raamattuun kirjatut lopun ajan merkit

Lukemalla Jumalan Raamattuun kirjaamaa sanaa me tiedämme että me elämme lopun ajassa. Jumala ei ole ilmoittanut meille tämän ajan päättymisen tarkkaa päivämäärää tai ajankohtaa, mutta Hän on jättänyt meille vihjeitä jotka kertovat lopun ajoista. Me tiedämme, että sade on lähellä kun me näemme kuinka pilvet alkavat kerääntyä taivaalle, ja samalla tavalla me tiedämme Raamattuun kirjatuista merkeistä että lopun aika on lähellä kun me seuraamme maailman tapahtumia ja vertaamme niitä näihin merkkeihin.

Luukas 21 esimerkiksi kertoo meille seuraavasti: *"Ja kun kuulette sotien ja kapinain melskettä, älkää peljästykö. Sillä näitten täytyy ensin tapahtua, mutta loppu ei tule vielä heti"* (jae 9), sekä *"ja tulee suuria maanjäristyksiä, tulee ruttoa ja nälänhätää monin paikoin, ja taivaalla on oleva peljättäviä näkyjä ja suuria merkkejä"* (jae 11).

2. Timoteus 3:1-5 kuuluu seuraavasti:

Mutta tiedä se, että viimeisinä päivinä on tuleva

vaikeita aikoja. Sillä ihmiset ovat silloin itserakkaita, rahanahneita, kerskailijoita, ylpeitä, herjaajia, vanhemmilleen tottelemattomia, kiittämättömiä, epähurskaita, rakkaudettomia, epäsopuisia, panettelijoita, hillittömiä, raakoja, hyvän vihamiehiä, pettureita, väkivaltaisia, pöyhkeitä, hekumaa enemmän kuin Jumalaa rakastavia; heissä on jumalisuuden ulkokuori, mutta he kieltävät sen voiman. Senkaltaisia karta.

Maailma on täynnä monenlaisia katastrofeja ja merkkejä, ja ihmisten sydämet ja ajatukset muuttuvat yhä pahemmiksi. Joka viikko minä saan lehtileikkeitä jotka kertovat onnettomuuksista ja luonnonkatastrofeista ja näiden leikkeiden määrä on lisääntynyt tasaisesti. Tämä tarkoittaa, että maailmassa on yhä useampia katastrofeja, vitsauksia ja pahuudentekoja.

Sili ihmiset eivät ole enää yhtä herkkiä näille tapahtumille ja onnettomuuksille. Ihmiset ovat tulleet immuuneiksi näille katastrofeista ja onnettomuuksista kertoville uutisille, sillä he kohdanneet näitä uutisia säännöllisesti jo kauan aikaa. Useimmat heistä eivät enää pysähdy kuullessaan raaoista rikoksista, suurista sodista, luonnonkatastrofeista tai raakojen tekojen tai vitsausten uhreista. Tällaiset tapahtumat olivat ennen massamedian etusivuilla. Useimmat ihmiset eivät kuitenkaan pidä tällaisia tapahtumia tärkeinä ja he unohtavat ne melkein samantien niistä kuultuaan, elleivät ne sitten kosketa joko heitä itseään tai jotakuta heidän tuntemaansa henkilöä.

Hereillä olevat ihmiset jotka kommunikoivat selvästi Jumalan kanssa todistavat yhdellä äänellä että Herran paluu on lähellä heidän seuratessaan maailman tapahtumia.

Lopun aikojen ennustukset ja Jumalan suunnitelma Manminin Keskuskirkon varalle

Jumala on paljastanut Manminille profetioita joista me voimme päätellä että lopun ajat ovat todellakin käsillä. Manminin perustamisesta lähtien aina tähän päivään saakka Jumala on ennustanut presidenttivaalien ja parlamenttivaalien tulokset, tärkeiden sekä korealaisten että ulkomaisten henkilöiden kuolemia sekä muita maailman historiaa muokanneita tapahtumia.

Minä olen usein paljastanut tämänkaltaisia asioita kirkon viikottaisessa uutislehdessä akronyymien kautta. Jos ennustusten sisältö on ollut liian arkaluonteista minä olen paljastanut sen vain muutamille henkilöille. Viime vuosien aikana minä olen paljastanut saarnastuolistani käsin ilmestyksiä jotka ovat koskeneet sekä Pohjois-Koreaa, Yhdysvaltoja että maailmanlaajuisia tapahtumia.

Suurin osa profetioista on täyttynyt, ja ne jotka eivät ole vielä täyttyneet ovat koskeneet tapahtumia jotka ovat vielä kesken tai jotka eivät ole vielä tapahtuneet. On huomattavaa, että suurin osa tulevia tapahtuvia koskevat profetiat koskevat lopun aikoja. Näihin kuuluvat Jumalan suunnitelmat Manminin Keskuskirkon varalle, ja seuraavaksi me tutkimme muutamaa näistä.

Ensimmäinen profetia koskee Etelä-Korean ja Pohjois-Korean välisiä suhteita.

Manminin perustamisesta lähtien Jumala on paljastanut monia asioita Pohjois-Koreasta. Tämä johtuu siitä, että meillä on kutsumus evankelioida Pohjois-Koreaa viimeisten päivien aikana. Vuonna 1983 Jumala ennusti Pohjois- ja Etelä-Korean johtajien välisen kokouksen sekä sitä seuranneet tapahtumat. Pian kokouksen jälkeen Pohjois-Korea oli avaava ovensa maailmalle, tosin vain väliaikaisesti. Pian se olisi taas sulkeva porttinsa. Jumala on ilmoittanut meille että Pohjois-Korean avautuessa pyhyyden evankeliumi ja Jumalan voima tulevat menemään maahan ja saamaan aikaan evankelioimisen aallon. Jumala ilmoitti meille että Herran paluun hetki on lähellä kun sekä Pohjois- että Etelä-Korea ilmaisevat itsensä tietyllä tavalla. Minä en kuitenkaan voi vielä kertoa mitä tämä "tietyllä tavalla ilmaiseminen" tarkoittaa, sillä Jumala on pyytänyt minua pitämään sen vielä salaisuutena.

Useimmat teistä varmasti ovat tietoisia siitä että Koreoiden
johtajien välinen kokous tapahtui vuonna 2000. Sinä voit myös
kenties olla sitä mieltä että Pohjois-Korea tulee ennen pitkää
avaamaan rajansa antaen periksi kansainvälisen painostuksen
edessä.

Toinen profetia koskee kutsua maailmanlaajuiseen lähetykseen

Jumala on valmistanut Manminia varten lukuisia ulkomaille
kohdistuvia ristiretkiä joiden aikana kymmenet tuhannet, sadat
tuhannet ja miljoonat ihmiset ovat tulleet yhteen, ja Hän on
siunannut meitä evankelioimaan maailman pikaisesti Hänen
ihmeellisen voimansa avulla. Näihin kuuluu Pyhän
Evankeliumin Ristiretki Ugandassa josta Cable News Network
(CNN) uutisoi maailmanlaajuisesti; Parannusristireki
Pakistanissa joka ravisti islamilaista maailmaa ja avasi oven Lähi-
Idän lähetystyölle; Pyhän Evankeliumin Ristiretki Keniassa
jonka aikana monet sairaudet AIDS mukaanlukien tulivat
parannetuiksi; Yhdistynyt Parannusristiretki Filippiineillä jonka
aikana Jumalan voima näyttäytyi lähes räjähdysmäisesti;
Ihmeparannusristiretki Hondurasissa joka toi esiin Pyhän
Hengen hirmumyrskyn; sekä Ihmeparannusrukousfestivaali
Intiassa, maailman suurimmassa hindumaassa, jolloin kolme
miljoonaa ihmistä kokoontuivat neljäpäiväisen ristiretken

aikana. Kaikki nämä ristiretket ovat toimineet astinkivenä jonka päältä Manmin voi astua Israeliin, sen lopulliseen määränpäähän.

Jumala loi Aatamiin ja Eevan Hänen suunnitelmansa mukaan kasvattaa ihmiskuntaa, ja sen jälkeen kun maailma tämän maan päällä oli syntynyt, ihmiskunta alkoi lisääntyä. Jumala valitsi monien kansakuntien joukosta yhden, Israelin, Jaakobin jälkeläiset. Israelin kansakunnan historian kautta Jumala tahtoi paljastaa Hänen kunniansa ja Hänen suunnitelmansa kasvattaa ihmiskuntaa sekä Israelille että kaikille muille maailman ihmisille. Tällä tavoin Israelin kansa toimii ihmiskunnan kasvattamisen esimerkkinä, ja Israelin historia, jota Jumala itse hallitsee, ei ole ainoastaan yhden kansakunnan historia vaan Hänen sanomansa koko maailmalle. Ennen kuin Jumala päättää Aatamista alkaneen ihmiskunnan kasvattamisen, Jumala tahtoo että evankeliumi palaa Israeliin josta se alkoi. Kristillisten tapaamisten järjestäminen ja evankeliumin levittäminen on kuitenkin erittäin vaikeaa Israelissa. Israel tarvitsee taivaita ja maita siirtävän Jumalan voiman näyttäytymistä, ja Jumalan suunnitelman tämän osan täyttäminen on kutsumus joka on varattu Manminille viimeisten päivien aikana.

Jeesuksen Kristuksen kautta Jumala on saavuttanut suunnitelmansa ihmiskunnan pelastamiseksi, ja Hän sallii jokaisen joka hyväksyy Jeesuksen henkilökohtaiseksi pelastajakseen saavan ikuisen elämän. Jumalan valittu kansa, Israel, ei kuitenkaan tunnustanut Jeesusta Messiaaksi. Siihen saakka kunnes Jumalan lapset temmataan taivaaseen Israelin kansa ei tule ymmärtämään Jumalan suunnitelmaa pelastaa ihmiskunta Jeesuksen Kristuksen kautta.

Viimeisten päivien aikana Jumala tahtoo Israelin kansan katuvan ja hyväksyvän Jeesuksen pelastajakseen jotta he voivat saavuttaa pelastuksen. Tämän tähden Jumala on sallinut pyhyyden evankeliumin levitä Pyhään maahan Hänen Manminille antamansa pyhän kutsumuksen kautta. Lähi-Idän lähetystyölle elintärkeän astinkiven tultua valetuksi huhtikuussa 2003 Manmin tulee tekemään erikoisvalmisteluja Israelia varten Jumalan tahdon mukaisesti ja täyttämään Jumalan suunnitelman.

Kolmas profetia koskee Suuren Pyhätön rakentamista

Samalla kun Jumala paljasti suunnitelmansa lopun aikojen suhteen pian Manminin perustamisen jälkeen, Hän antoi meille kutsumuksen rakentaa Suuren Pyhätön, joka tulee paljastamaan Jumalan kirkkauden kaikille maailman ihmisille.

Vanhan testamentin aikoina pelastuksen saattoi saada pelkillä teoilla. Kuka tahansa saattoi pelastua siitä huolimatta että sydämen syntiä ei oltu heitetty pois kunhan tätä syntiä ei oltu tehty sen ulkopuolella. Vanhan testamentin aikoina Temppeli oli temppeli jossa ihmiset palvoivat Jumalaa pelkästää teoilla, niinkuin laki määräsi.

Uuden testamentin aikana Jeesus kuitenkin saapui ja täytti lain rakkaudella, ja me saamme pelastuksen uskomme kautta Jeesukseen Kristukseen. Uudessa testamentissa Jumala tahtoo temppelin jota ei ole rakennettu ainoastaan teoilla vaan myös sydämellä. Tämän temppelin rakentavat synnin pois heittäneet Jumalan uskolliset lapset pyhittynein sydämin ja rakkaudessaan Häntä kohtaan. Tämän tähden Jumala salli Vanhan testamentin aikojen temppelin tuhoutua ja Hän tahtoo rakentaa uuden, todellista hengellistä merkitystä kantavan temppelin.

Joten Suuren Pyhätön rakentamaan tulevien ihmisten täytyy olla Jumalan silmissä sopivia tehtävään. Heidän täytyy olla Jumalan lapsia joiden sydämet ovat ympärileikattuja, pyhiä ja puhtaita sekä täynnä uskoa, toivoa ja rakkautta. Kun Jumala näkee Hänen pyhittyneiden lastensa rakentaman Suuren Pyhätön, Häntä ei lohduta ainoastaan rakennuksen ulkonäkö. Sen sijaan Hän tulee Pyhätön kautta muistamaan sen prosessin jonka kautta Pyhättö on rakennettu, ja Hän tulee muistamaan jokaisen Hänen uskollisista lapsistaan jotka ovat Hänen kyyneltensä, uhrauksensa ja kärsivällisyytensä hedelmiä.

Suurella Pyhätöllä on erittäin suuri merkitys. Se tulee toimimaan sekä monumenttina ihmisten kasvatukselle että lohdutuksen symbolina Jumalalle Hänen korjattuaan hyvän sadon. Se rakennetaan viimeisten päivien aikana, sillä se on monumentaalinen rakennusprojekti joka tulee ilmaisemaan Jumalan kirkkauden kaikille maailman ihmisille. 600 metrin levyisenä ja 70 metriä korkeana Suuri Pyhättö on valtava rakennus tulee olemaan rakennettu kaikenlaisista kauniista, harvinaisista ja arvokkaista materiaaleista. Jokaiseen rakenteen osaan ja koristukseen on upotettu Uuden Jerusalemin kirkkaus, kuusi päivää kestänyt luomistyö sekä Jumalan voima. Pelkästään Suuren Pyhätön katsominen on tarpeeksi pakottamaan ihmiset tuntemaan Jumalan majesteettisuuden ja kunnian. Jopa ihmiset jotka eivät ole uskossa tulevat olemaan ihmeissään nähdessään sen ja he tulevat tunnustamaan Hänen kunniansa.

Lopulta, Suuren Pyhätön rakentaminen on kuin arkin rakentaminen jonka avulla lukemattomat ihmiset tulevat pelastumaan. Viimeisten päivien aikana synti ja pahuus tulevat kukoistamaan aivan kuten Nooan aikana. Tällöin Jumalan lasten johtamat ihmiset saavat pelastua heidän tullessaan Suureen Pyhättöön ja uskoessaan Häneen. Yhä useammat ihmiset kuulevat sanoman Jumalan kirkkaudesta ja voimasta, ja he tulevat katsomaan omin silmin mitä se merkitsee. Heidän saapuessa paikalle heille näytetään lukemattomia todistuksia Jumalasta. Heille myös opetetaan hengellisen maailman salaisuuksia ja heille kerrotaan Jumalan tahdosta joka haluaa korjata Hänen kuvastuksensa kaltaisia uskollisia lapsia.

Suuri Pyhättö tulee toimimaan Herran paluuta edeltävän maailmanlaajuisen evankelioinnin keskuksena. Jumala on myös ilmoittanut Manminille että kun aika Suuren Pyhätön rakentamiselle koittaa, Hän tulee johdattamaan kuninkaita sekä varakkaita ja vaikutusvaltaisia yksityishenkilöitä auttamaan rakentamisen kanssa.

Manminin perustamisesta lähtien Jumala on paljastanut profetioita lopun ajoista ja Hänen suunnitelmistaan. Hän on jatkanut rajoittamattomien voimiensa näyttämistä ja Sanansa täyttämistä. Kautta koko kirkon historian Jumala on itse johtanut Manminia täyttääkseen suunnitelmansa. Herran paluun hetkeen saakka Jumala tulee johdattamaan meidät täyttämään kaikki Hänen meille määräämänsä tehtävät ja paljastamaan Herran kunnian koko maailmalle. Jeesus sanoo meille jakeessa Joh. 14:11: *"Uskokaa minua, että minä olen Isässä, ja että Isä on minussa; mutta jos ette, niin uskokaa itse tekojen tähden"*. 5. Moos. 18:22 taas kuuluu seuraavasti: *"kun profeetta puhuu Herran nimessä, ja kun se, mitä hän on puhunut, ei tapahdu eikä käy toteen, niin sitä sanaa Herra ei ole puhunut; julkeuttaan se profeetta on niin puhunut; älä pelkää häntä"*. Minä toivon että sinä ymmärtäisit Jumalan johdatuksen Manminin Keskuskirkolle paljastettujen voimien ja profetioiden kautta.

Rakenna Saari Pyhällö

Jumala ei antanut tälle kirkolle herätystä ja voimaa yhdessä päivässä täyttääkseen Hänen lopun aikoja koskevat suunnitelmansa. Hän on valmistanut meitä yli kahdenkymmenen vuoden ajan. Korkean ja jyrkän vuoren kiipeämisen tai myrskyisän meren korkeiden aaltojen lävitse purjehtimisen tavoin Hän on johdattanut meidät jatkuvien koettelemusten lävitse. Nämä vaikeudet usko vakaana voittaneet ihmiset ovat valmistaneet astian joka pystyy maailmanlaajuiseen lähetystyöhön.

Tämä koskee myös kaikkia teitä. Uuteen Jerusalemiin pääsyyn oikeuttava usko ei kehity tai kasva yhdessä päivässä. Sinun täytyy olla aina hereillä ja valmiina Herran paluun päivää varten. Yli kaiken muun sinun täytyy tuhota kaikki synnin muurit ja kiirehtiä kohti taivasta vakain ja innokkain sydämin. Liikkuessasi eteenpäin tämänkaltaisella vakaalla päättäväisyydellä Jumala tulee siunaamaan sinun sieluasi tulemaan aina hyvin toimeen, ja Hän tulee vastaamaan kaikkiin sinun sydämesi toiveisiin. Lisäksi Jumala tulee antamaan sinulle hengellistä kykeneväisyyttä ja valtaa joiden kautta Hän voi käyttää sinua Hänen suunnitelmissaan kallisarvoisena astiana viimeisten päivien aikana.

Minä rukoilen Herramme Jeesuksen Kristuksen nimessä, että jokainen teistä pitäisi kiinni uskostaan aina Herran paluun saakka ja tapaisi uudestaan ikuisessa taivaassa ja Uuden Jerusalemin kaupungissa!

Tekijä
Pastori Dr. Jaerock Lee

Dr. Jaerock Lee syntyi Muan'issa Jeonnam provinssissa, Korean Tasavallassa vuonna 1943. Kaksikymmenvuotiskautenaan Dr. Lee kärsi useista parantumattomista sairauksista seitsemän vuotta ja odotti kuolemaa ilman toivoa paranemisesta. Kuitenkin, eräänä kevätpäivänä 1974, hänen sisarensa vei hänet kirkkoon. Hänen polvistuessaan rukoilemaan elävä Jumala välittömästi paransi hänet kaikista hänen sairauksistaan.

Siitä hetkestä alkaen, jolloin Dr. Lee kohtasi elävän Jumalan tuon ihmeellisen kokemuksen kautta, hän on rakastanut Jumalaa koko sydämellään ja rehellisyydellään ja kutsuttiin vuonna 1978 Jumalan palvelijaksi. Hän rukoili kiihkeästi oppiakseen ymmärtämään Jumalan tahtoa ja saavutti sen täysin, sekä noudatti Jumalan kaikkia sanoja. Vuonna 1982 hän perusti Manmin kirkon Seoul'iin ja lukemattomia Herran töitä, mukaanlukien ihmeparantumisia ja ihmeitä, on tapahtunut hänen kirkossaan.

Vuonna 1986 Dr. Lee vihittiin papiksi Jeesuksen Sungkyal kirkon vuosikokouksessa Koreassa ja neljä vuotta myöhemmin hänen saarnojansa alettiin lähettää Australiaan, USAhan, Venäjälle, Filippiineille, ja muualle Far East Broadcasting Company'n, Asia Broadcast Station'in ja Washington Christian Radio System'in kautta.

Kolme vuotta myöhemmin 1993 Manmin Central Church valittiin yhdeksi "Maailman 50 parhaaksi kirkoksi" Christian World lehden (Amerikka) toimesta ja hän vastaanotti jumaluusopin kunniatohtorin arvon Christian Faith College'sta, Florida'ssa, USA'ssa, ja vuonna 1996 tohtorinarvon pappeudessa Kingsway Theological Seminary'sta, Iowa'ssa,

USA'ssa.

Vuodesta 1993 Dr. Lee on johtanut maailmanlähetystä monilla ulkomaan ristiretkillä, Tansaniassa, Argentiinassa, Ugandassa, Japanissa, Pakistanissa, Keniassa, Filippiineillä, Hondurasissa, Intiassa, Venäjällä, Saksassa, Perussa, Kongon Demokraattisesa Tasavallassa, ja New Yorkissa Amerikassa. Vuonna 2002 hänet nimitettiin "maailmanlaajuiseksi pastoriksi" Korean johtavien kristillisten lehtien toimesta hänen ulkomaisilla ristiretkillä tekemänsä työn johdosta.

Heinäkuu 2013 Manmin Central Church seurakunnassa oli yli 120.000 jäsentä ja 10.000 kotimaista ja ulkomaista sivukirkkoa ympäri maapalloa. Kirkko on tähän mennessä lähettänyt yli 129 lähettilästä 23 maahan, mukaanlukien Yhdysvallat, Venäjä, Saksa, Kanada, Japani, Kiina, Ranska, Intia, Kenia, ja monta muuta maata.

Tähän päivään mennessä Dr. Lee on kirjoittanut 87 kirjaa, mukaan lukien bestsellerit *Ikuisen Elämän Maistaminen Ennen Kuolemaa, Elämäni ja Uskoni, Ristin Sanoma, Uskon Mitta, Henki Sielu ja Ruumis, Taivas I & II, Helvetti* sekä *Jumalan Voima.* Hänen teoksiaan on käännetty yli 76 kielelle.

Dr. Lee on nykyisin perustaja ja presidentti lukuisissa lähetysorganisaatioissa ja yhdistyksissä. Hän on puheenjohtaja, The United Holiness Church of Jesus Christ; presidentti, Manmin World Mission; perustaja & johtokunnan puheenjohtaja, Global Christian Network (GCN); perustaja & johtokunnan puheenjohtaja, The World Christian Doctors Network (WCDN); ja perustaja & johtokunnan puheenjohtaja, Manmin International Seminary (MIS).

Taivas I & II

Yksityiskohtainen kuvaus siitä ihmeellisestä elinympäristöstä josta taivaalliset kansalaiset saavat nauttia sekä taivaallisen kuningaskunnan eri tasoista.

Ristin Sanoma

Voimallinen herätysviesti kaikille niille jotka ovat hengellisesti nukuksissa. Tästä kirjasta sinä löydät Jumalan todellisen rakkauden ja syyn siihen että Jeesus on Pelastaja.

Helvetti

Vilpitön viesti koko ihmiskunnalle Jumalalta, joka ei tahdo yhdenkään sielun joutuvan helvetin syvyyksiin! Sinä löydät koskaan aikaisemmin paljastamattoman kuvauksen Helvetin julmasta todellisuudesta.

Minun Elämäni, Minun Uskoni I & II

Dr. Jaerock Leen omaelämäkerta, joka välittää lukijoilleen kauniin hengellisen aromin. Leen elämän on perustunut Jumalan rakkauteen hänen kerran koettua pimeyden tummat aaalot, sen kylmän ikeen ja syvimmän epätoivon.

Uskon Mitta

Minkälainen asuinsija sinulle on valmistettu taivaaseen ja minkälaiset palkkiot odottavat sinua siellä? Tämä kirja antaa sinulle viisautta ja ohjeistusta jotta sinä voisit mitata uskosi määrän ja kasvattaa uskostasi syvemmän ja kypsemmän.